ちくま新書

英語と日本

一〇〇年

江利川春雄
Erikawa Haruo

1704

英語と日本人――挫折と希望の二〇〇年【目次】

資料の引用にあたって

一、旧漢字・旧仮名遣いは原則として現代表記に改め、難読漢字には適宜ルビをふり、句読点、濁点及び半濁点を補った。
一、今日の観点からは不適切な表現も見られるが、歴史資料的価値を尊重して原文のままとした。
一、本文中の〔 〕は、江利川による補足・註釈である。

はじめに

　英語と日本人の関係はとても複雑だ。好きなのか嫌いなのかはっきりしないまま、ズルズルと付き合っているカップルみたいだ。希望に満ちた幸せな時期もあったし、苦い挫折の時期もあった。文明開化だ「カムカム英語」だと英語に熱中したかと思ったら、英語廃止論や敵性語論で冷えきった時期もあった。

　英語を愛し、英語を極めた人たちもいた。日本人にふさわしい英語学習法も次々に生みだされた。他方で、現在では小・中・高校の英語が義務化され、英語が好きでもないのに無理やり付き合わされる人も少なくない。

　あなた自身は、英語にどのくらいのエネルギーを割き、英語とどう付き合ってこられたのだろう。英単語を覚えるのに苦労した日々、好きな音楽や映画が聴き取れたときの喜び、試験の出来が悪かった時の挫折感、自分の英語が通じたときの感動、英語によって自己実現を果たした達成感などなど。自分史を書くとしたら、英語との関係史をどう記述されるだろうか。

日本人が英語に費やした時間とエネルギーは膨大なものだ。それでも、いまだに「英語ができない」「英語が苦手」という挫折感と、「英語ができるようになりたい」「英語を好きになりたい」という希望とが共存し、涙ぐましいほどの国民的エネルギーが注がれ続けている。

あなたが自分のエネルギーを自発的に英語に向ければ向けるほど、英語との距離は縮まり、成果も上がるだろう。だが近年は「官邸主導」や「経済優先」が英語の世界にも入り込み、英語教育のシロウトが思いつきの域を出ない政策を押し付けることで、英語教育を大混乱に陥れている。その典型が、二〇一九年の英語入試改革の大失敗だ。政府と文部科学省は大学入試にスピーキングテストを加えるため、民間検定試験を導入しようとした。だが制度設計の致命的な欠陥が露呈して破綻し、英語教育史上まれに見る失策となった。

いま、子どもも大人も英検やＴＯＥＩＣ《トーイック》などの受験に追われるようになり、英語を使う楽しさよりも、進学・就職・昇進に有利な高いスコアを持つこと自体が目的化している。しかし、検定試験のスコアが高い人が必ずしも英語の運用力が高いとは限らず、ましてや仕事ができるとは限らないことも知られてきた。

学校の英語教育も深刻だ。二〇二〇年度に小学校の外国語（実質は英語）が教科化され、学力の二極分化が進んでいる。二〇二一年度から中学生が接する英語語彙《ごい》が約二倍に跳ね上がり、生徒も教師も悲鳴をあげている。英語が使える「グローバル人材」育成策の一環として、国が英語のレベルを一気に引き上げたからだ。大量の英語嫌いが生みだされ、かえって英語の学力低下が進むことが懸念される。

他方で、児童生徒に一人一台のデジタル端末が配付され、オンライン学習やデジタル英語教材が新たな学びの可能性を拓きつつある。AI（人工知能）による自動翻訳・通訳がめざましい進歩を遂げ、その能力はすでに英検一級・TOEIC九〇〇点相当に達しているという。その結果、私たちが大変な労力と時間をかけて英語を学ぶ意味そのものが根底から問われている。

そろそろ立ち止まって英語と日本人の関係を問い直し、これからどうすればよいのかを考えるべきではないだろうか。英語に振り回されるのではなく、英語との正しい付き合い方を冷静に考える時期にきているのではないだろうか。

そのために、幕末から現在に至る英語と日本人の関係史を振り返り、挫折と希望、成功と失敗の足跡を検証することで、未来への展望を考えてみたい。そんな思いで、本書を執筆した。

＊

英語と日本人の関係は「なぜ」や「なぞ」に満ちている。

・なぜ日本人は英語を学ぶのか。
・何年やっても英語が身につかないのはなぜなのか。
・小学校から英語を習えば、英語が話せるようになるのか。
・受験のために英単語の暗記や文法訳読をやる意味があるのか。
・英語が使える「グローバル人材」を学校で育成できるのか。
・英検やTOEICでコミュニケーション能力が測れるのか。
・コミュニケーション重視の英語教育改革は成果があったのか。
・AI（人工知能）自動翻訳・通訳が進んでも英語を学ぶ意味があるのか。

こうした疑問や謎を解く手がかりを得るために、英語と日本人の歴史をひもとき、先人たちの様々な経験と教訓を、英語教育学の最新の研究成果を織り交ぜながら考察した。

本書は英語教育史の重要なエピソードに焦点をあてながら、一方では英語をめぐる問題を各時代の政治・経済・社会との関わりにおいてマクロの視点でとらえ、他方では学習風景や教材などをミクロの視点から取り上げた。そうすることで、英語と日本人の関係史を立体的に描こうと試みた。

たとえば第1章では、明治期に行われていた小学校英語教育が挫折した理由を当時の資料から分析し、現在の小学校英語教育の危うさを問い、第2章では、英語を極めた達人たちの学習法をランキングし、今日に示唆するものを抽出した。第3章では、文法訳読が「訳毒」だと嫌われ、会話中心のコミュニケーション英語こそが正しいとされることの妥当性を検討し、第4章では、戦後の英語普及政策をめぐる日米政府の思惑や、現場の教師の奮闘を見ることで、戦後英語教育の光と影を追った。さらに第5章では、英語が使える「グローバル人材」育成策や入試への民間試験導入の問題を検討し、グローバル化とＡＩ時代における英語と日本人の関わり方を考えた。

歴史の流れに沿って第1章から第5章までを配置したが、叙述にあたっては過去と現在を自由に行き来して歴史と対話し、歴史的および今日的な視点から積極的に論評を加えた。特に近年の官邸主導の英語教育改革については、私自身が論争の当事者だったこともあり、歯に衣着せぬ批判を加えた。より良い英語教育を願ってのことである。

英語教育の歴史を刻んだ人々にも焦点をあてた。夏目漱石《なつめそうせき》、岡倉由三郎《おかくらよしさぶろう》、斎藤秀三郎《さいとうひでさぶろう》、市河三喜《いちかわさんき》、田中菊雄《たなかきくお》といった英語名人たちはもとより、教室で学ぶ普通の中学・高校生、ラジオ・テレビの英語講座で英語に親しむ市民などの声を拾い集めることで、英語を学ぶリアルな姿に迫った。

日本人が英語を学び始めて約二〇〇年。その歩みは、日本語とは異質な言語である英語との格闘の歴史だった。英語を学ぶことで西洋文明をモデルに近代化を実現し、英米との戦争に敗れて英語を全国民が学ぶ体制を築き、いまグローバル化とAI時代に対応した英語との関わり方を模索している。

先人たちの声に耳を傾け、英語教育の最前線を知ることで、日本人にふさわしい学習法を理解し、これからの英語と日本人のあるべき姿を考えていこう。

第1章

「半文明人」から脱却せよ

川原慶賀「唐蘭館図・蘭船入港図」(19世紀、長崎歴史文化博物館蔵)

1　英語と日本人の出会い

†英語の襲来

日本人はいつから、なぜ英語を学ぶようになったのだろうか。

発端は一隻の外国船だった。一八〇八（文化五）年の旧暦八月、長崎港にオランダ国旗を掲げた外国船が来港した。久しぶりに見る祖国の三色旗に、出島のオランダ商館員らは驚喜した。ところが、どうも様子がおかしい。小舟で近づいた二人の商館員が武器で脅され、艦内に拉致《らち》された。やがて船のオランダ国旗が引き下ろされ、代わりに英国のユニオンジャックがひるがえった。船はなんと、英国の軍艦フェートン号だったのだ。

「人質を返してほしければ、水や食料などの補給物資をよこせ。従わなければ大砲で長崎の街を焼き払う」と脅してきた。国境侵犯であり、幕府の「鎖国」政策を踏みにじる暴挙だった。長崎奉行は、ただちに港を封鎖し、英国船を焼き払うよう命じた。

ところが！　なんと警備担当の佐賀・鍋島藩の兵力は規定の一割ほどで、大半は国元に帰っていた。他藩からの動員も間に合わない。平和ボケと経費節減。これでは武装した英国軍艦に立ち向かうことができない。地団駄《じだんだ》踏んでも後の祭り。水や食料などを積み込んだフェートン号は、二日後に悠々と長崎港を出て行った。気の毒なのは長崎奉行の松平康英《まつだいらやすひで》である。国権を蹂躙《じゅうりん》された責任を取って切腹した。まだ四一歳だった。さらに鍋島藩の家老らも自刃《じじん》した。

日本人は自ら進んで英語を学んだのではない。英語の方から襲来してきたのである。この「英語を学ばざるをえない」という構図は、フェートン号事件から現代の受験英語に至るまで、日本人の宿命だといえよう。

フェートン号事件は世界史におけるオランダの覇権（ヘゲモニー）の低下と、英国の台頭を象徴する事件だった。一七世紀初頭に誕生した江戸幕府は、ヨーロッパの覇権国家オランダと交易を続けた。当初はイギリスも九州の平戸《ひらど》に商館を開き、徳川家康の外交顧問だった旗本ウイリアム・アダムス（三浦按針《みうらあんじん》、一五六四〜一六二〇）らの尽力で日本との交易を図った。しかし、オランダとの競争には勝てず、一六二三年に撤退を余儀なくされた。

ところが、一七八九年のフランス革命をきっかけにヨーロッパは変革期に入る。オランダはフランスと組んでイギリスと交戦状態に入り、それがアジアにも波及した。イギリスは産業革命の成功によって強大な国力を持つようになっていた。そのイギリスとの戦闘でオランダは多くの艦船を失い、東インド会社を一七九九年に解散、日本との貿易も継続不能になっていた。ヨーロッパにおける覇権国家がオランダからイギリスに変わり、その影響が遠く長崎の地にまで及んだのである。

それは幕府に言語政策の転換を促した。フェートン号事件によって思い知らされた国際情勢認識の甘さ、そして外国語対応能力の貧弱さ。早急に是正しなければ、国家安全保障に関わる状況になったのである。二〇〇一年九月の「同時多発テロ」を受け、アメリカ政府がアラビア語専門家の養成を命じた構図とそっくりだ。

†幕府、英語修業を命ず

幕府はフェートン号事件直後の一一月、唐通事《とうつうじ》（中国語通訳・商務官）に満洲語の学習を、蘭通詞《らんつうじ》（オランダ語通訳・商務官）にロシア語と英語の修業を命じた。当時の中国は満洲族（中国東北部）出身の清《しん》王朝であり、日本の北方からはロシア艦が出没していた。

英語の教師役は英国での勤務経験があったオランダ商館長のブロムホフが務めた。オランダ語と英語は兄弟のようなもので、たとえばオランダ語の boek は英語で book となる。そのため、蘭通詞たちは得意とするオランダ語の知識を英語に転用することで、短期間に実力をつけていった。

ここに外国語学習の重要なヒントがある。言語系統（言語間距離）が遠く隔たる日本語↓

英語よりも、オランダ語→英語のほうがずっと早く習得できるのである。私も初めてドイツ語を学んだとき、一番役立ったのが三好助三郎《みよしすけさぶろう》『独英比較文法』（一九六八）だった。すでに習い覚えた英文法の知識を使って英語→ドイツ語の回路で学んだほうが、日本語→ドイツ語よりも理解しやすかったのである。

蘭通詞たちの英語研究の成果は、早くも一八一〇（文化七）年末に現れた。吉雄権之助《よしおごんのすけ》が『諳厄利亜言語和解《あんげりあげんごわげ》』の第一冊目を長崎奉行所に提出したのである。翌年二月までに三冊が完成したが、残念ながら現存していない。東京帝国大学に保管されていた写本が、一九二三（大正一二）年の関東大震災で焼失してしまったからだ。

一八一一（文化八）年には、より本格的な『諳厄利亜興学小筌《あんげりあこうがくしょうせん》』を長崎奉行所に提出した。さらに一八一四年には、約六〇〇〇語を収録した日本初の英和辞典『諳厄利亜語林大成《あんげりあごりんたいせい》』を幕府に献上した。ただし「鎖国」体制下では刊行されることなく、わずかな写本で伝わっただけだった。これらは幸い長崎原爆の被害をまぬがれ、現在でも復刻版で読める。

こうして長崎の蘭通詞たちは、短期間に英語研究の成果をまとめ上げた。とはいえ、当初は「まことに闇夜を一人で歩くようなありさまで」（『興学小筌』の序文）、オランダ人の指導によるものだったためオランダ訛《なま》りがきつく、通じる英語にはほど遠かった。たとえばgirlの発音が「ゲルル」なので少女は可愛くなさそうだ。lightは「レイト」なので明るいのか暗いのかわからない。
だれか正確な発音を教えてくれる人はいないだろうか。

†ついに英語ネイティブ教師がやってきた

英語学習の開始から四〇年。英語ネイティブが思わぬところからやって来た。利尻昆布《りしりこんぶ》で有名な北海道北端の利尻島からである。青年の名前はラナルド・マクドナルド（一八二四〜九四）。イギリス領カナダ出身で、アメリカの捕鯨船から小船に乗り移り、漂着を装って一八四八（嘉永元）年七月に利尻島に上陸した。長崎に護送され、アメリカ船で帰国するまで約七カ月を過ごした。この間、長崎奉行の求めによって蘭通詞たちに英語を教えた。日本初のネイティブ英語教師の誕生である。

「念願だった本物の英語の発音を学べる！」。一四人の通詞たちは喜び勇んでマクドナルドの座敷牢に通い詰めた。マクドナルドは英語を範読《はんどく》し、生徒たちに読ませて発音を直していった。彼は日本語が少しできたので、英語の意味や構文などをなるべく日本語で説明したという。

マクドナルドの目に日本人学習者たちはどう映ったのだろうか。彼は『日本回想記』（一九二三、邦訳一九七九）のなかで、「彼らは驚くほど英語が上達した。その理由は、彼らがこの課業にまじめに取組んだこと、また彼らのもの分《わか》りのよさや学識の広さは、なみなみならぬものであり、あるものなどは驚異的であったこと、にある」と述べている。

他方、日本人生徒たちは子音のあとの末尾にi（単音のイ）やo（オ）を加えてしまう癖があった。そのため、その後の日本語にはStrike[straík]が「ストライキ」、made[meíd]が「メイド」として定着した。また、生徒たちはLの発音が苦手で、Rと区別できなかった。そのため、Ranald MacDonald の名前をRanard MacDonardと発音したという。

現在の日本人もLとRの区別が苦手だ。訓練不足のキャビンアテンダントだと、"Enjoy your flight."（空の旅をお楽しみください）と言うべきところを"Enjoy your fright."（恐怖をお楽しみください）と発音し、外国人が真っ青になる。だが日本人向けのLとRの発音法は意外と簡単で、lightのときは「ぬ」の口の形で「ぬ**ラ**イト」、rightのときは「う」を発音するときの口の形で「ぅ**ラ**イト」と発音すればよい。実際にやってみていただきたい。

マクドナルドは特に森山栄之助（多吉郎、一八二〇～七一）の熱心さと聡明さに惹かれ、回想記では「私の愛弟子《まなでし》」と呼んでいる。「彼は英語を習得したいという強い願望を示し、豊かな習得の才能を示した」、「私にとってあらゆる点でもっとも大切な、敬愛してやまない人物」と激賞している。たしかに森山は目覚ましい上達を見せ、一八五四年のペリー艦隊再来航の際には主席通訳を務めるまでになった。

外交交渉において森山の後見役となったのが中浜万次郎《なかはままんじろう》（ジョン万次郎、一八二七〜九八）だった。彼は一四歳で漂流したのち、アメリカで高度な教育を受け、一八五一年に帰国した。ネイティブ並みの英語力と近代科学の知識を持っていた万次郎は、幕末・明治維新期の日本近代化に欠かせない人物となり、多くの後進を育てた。

†英語が外交・通商用語に

日本が開国し、近代化の歩みを進める上で、英語は欠かせないものになった。外国との交渉は、当初はオランダ語や中国語を介して行われていた。しかし、一八五八（安政五）年に結ばれた「日英修好通商条約」では、五年間の猶予期間後は外交や通商の用語として英語を用いることが定められた。そのため、日本側は一八六四年の夏までに外交交渉に対応できるだけの英語力を獲得しなければならない。幕府はフランスやロシアなどの諸外国とも同様の条約を結び、それぞれ外交用語を定めた。英語以外の外国語も必要になってきたのである。

一八五八年、幕府は長崎に英語伝習所を開設し、外国との対応にあたる英語通詞の養成に取りかかった。生徒は蘭通詞・唐通事だけでなく、広く一般人も受け入れた。身分制度を無視してまで英語の使い手を増やす必要に迫られたのである。封建秩序はほころび始め

図 1-1　江戸時代の協同学習「会読」（前田勉『江戸の読書会』より）

ていた。

一八六〇年、江戸幕府の外国語研究教育機関だった蕃書調所《ばんしょしらべしょ》は、蘭学を正科としてきた制度を改め、英学を正科とする方針に転換した。蘭学から英学への流れを加速させたのである。このほか、フランス語、ロシア語、ドイツ語も教えるようになった。

蕃書調所の授業は厳しい。授業は朝五時から午後七時までで、外国語の教授・学習法は素読《そどく》、輪読《りんどく》、会読《かいどく》だった。「素読」とは意味がわからなくてもテキストの文字をひたすら朗読すること。「輪読」とは文章を読んで順番に解釈していき、意見を交換し合う方式である。「会読」とは生徒が主役となり、互いに問題を出しあったり、意見を闘わせたりして、集団研究をする協同学習である（図1－1）。会読は文部科学省が二〇二〇年代から推奨している「主体的・対話的で深い学び」（アクティブ・ラーニング）に近いグループ学習で、江戸時代の藩校や蕃書調所の先進性に驚かされる。

†幕府の英和辞典

外国語学習に辞書は欠かせない。幕末に刊行された先駆的な英和辞書と和英辞書を見ておこう。

蕃書調所は一八六二（文久二）年に洋書調所と改称され、同年末には『英和対訳袖珍《しゅうちん》辞書』を日本で初めて活版で印刷・刊行した。約三万語を収めた本格的な英和辞典で、中心となった堀達之助《ほりたつのすけ》（一八二三〜九四）は万感の思いを込めて辞書出版の意義を見事な英文で記した。「世界の異なる諸地域の風俗・習慣・国際関係および世界の日々の重要な出来事や変化などを正確かつ十分に熟知するために」編纂《へんさん》したのだと。これからは世界の様々な国や民族との交流が当たり前の時代に入る。そのためには外国語の知識と背景文化の理解が欠かせない。一六〇〇年も前に、堀たちは外国語学習の本質を見据えていたのである。その高い志操《しそう》から学びたい。

この『英和対訳袖珍辞書』に関して、二〇〇七年に奇跡の大発見があった。初版（一八

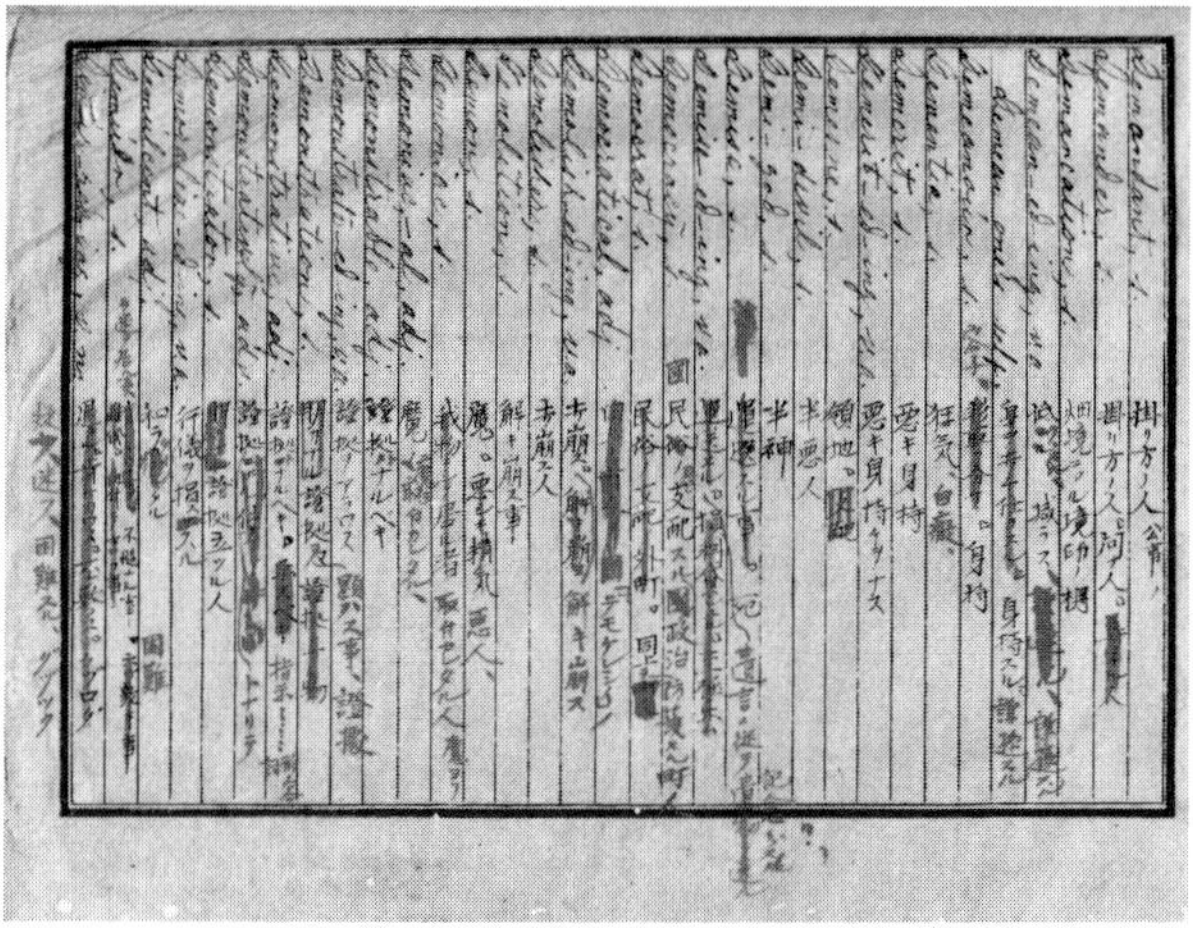

図 1-2　『英和対訳袖珍辞書』の原稿（『英和対訳袖珍辞書原稿影印』より）

六二）と改正増補版（一八六六）の原稿や校正刷の一部が発見されたのである（図1-2）。初版は世界に一九冊しか確認されていない超レア本。その原稿ともなれば、日本文化史上の第一級史料である。もちろん私も欲しかった。だが古書店の売値は一〇〇〇万円で、お医者さんに買われてしまった。

ところが古書店主は偉かった。全史料をカラー撮影し、名雲純一《なぐもじゅんいち》編『英和対訳袖珍辞書原稿影印』（二〇〇七）として刊行したのである。おかげで、幕末における英和辞典編纂の驚くべき事実が明らかになった。通説では、この辞書は蘭通詞らが英蘭辞典のオランダ語の部分を和訳しただけだと思われていた。しかし編纂過程は予想以上に高度だった。フランス語なども参照し、三組の集団がリレー方式で訳語の完成度を高めていったのである。

たとえば、Democracy の訳語は最初の原稿では「民俗ノ支配」だったが、「国民ノ互《たがい》ニ支配スル政治」に修正され、刊行本では「共和政治」に落ち着いた。幕臣たちは封建体制下にありながら、民主共和制の何たるかを考究していったのである（堀・三好二〇一〇）。幕府の機関が刊行した辞書が、幕藩体制を揺るがしかねない思想を盛り込んでいた。明治維新の変革の波は、すでに英和辞書の中でうねり始めていたのである。

†ヘボンの和英辞典

幕末の辞書でもう一つ欠かせないものがある。アメリカの医師で宣教師のヘボン（James Curtis Hepburn　一八一五〜一九一一）が編纂した日本初の和英辞典である。ヘボンは一八五九（安政六）年に宣教師として来日した。キリスト教の布教活動はまだ禁じられていたので、まずは聖書の言葉を日本人に伝えるべく、治療に来た患者などから日本語を覚え、和英辞典の編纂に取り組んだ。

約八年に及ぶ苦労の末、一八六七（慶応三）年に和英が約二万一〇〇〇語、英和が約一万語、全七〇二ページの堂々たる『和英語林集成』を完成させた。大好評で迎えられ、その絶大な影響は、近代国語辞典の元祖といわれる大槻文彦《おおつきふみひこ》の『言海《げんかい》』（一八八九〜九一）にまで及んだ。一八七二（明治五）年には増補改訂した第二版、一八八六年には和英が約三万五〇〇〇語に増えた第三版を刊行した。各版を比較すると幕末から明治中期までの英語への認識の深まりと、日本語の変遷を読み解くことができる。

ヘボンの辞書は日本語をローマ字で表記した。第三版で使用された方式が、たとえば「食事」をsyokuziではなくshokujiと表記する「ヘボン式ローマ字」で、現在も日本人に親しまれている。辞書には信仰に関する例文「神はどこにでもおわします（God is in every place）」や「一心不乱に神を拝む（to pray with the whole heart）」（原文のローマ字を日本語表記）などもちりばめられている。

ヘボンは聖書の邦訳にも力を尽くし、仲間と共同で一八七九年に『新約聖書』を完訳した。また、キリスト教の布教と教育の拠点を築くために、私財をなげうって一八八七（明治二〇）年に明治学院を創立した。卒業生には島崎藤村《しまざきとうそん》、馬場孤蝶《ばばこちょう》、賀川豊彦《かがわとよひこ》などがいる。ヘボンは『和英語林集成』の版権を丸善に譲渡し、その代金で明治学院の学生寮「ヘボン館」を建設した。一九一一（明治四四）年九月二一日、ヘボンは祖国アメリカで九六歳の生涯を閉じた。同じ日、彼の死を悲しむかのように東京のヘボン館が焼失した。

2　文明開化は英語から

†「半文明国」ニッポン

一八六八年に発足した明治政府は「文明開化」を国策とした。これは単なる文化政策ではない。幕末に結んだ不平等条約を撤廃させるために不可欠な、日本を「文明国」と認めさせるための国家戦略だった。そこで政府は、西洋をモデルにした「欧化」を進めた。

不平等条約の一つは、日本が自分で関税率を決める権利（関税自主権）がないことだった。これでは、工業生産力がずっと高い西洋諸国の輸出攻勢から国内産業を保護できない。遅れて資本主義化を進めようとする日本にとっては死活問題だった。

もう一つが、国内法で外国人の犯罪を裁けない領事裁判権だった。これでは完全な主権国家とはいえない。西洋人の理屈からすれば、文明化していない「野蛮な」日本人ごときが、文明の高い西洋人を裁くことなどできないという考えだった。まさに上から目線で、明らかな差別だ。だが、こんな文明段階説が一九世紀の西洋では常識で、植民地政策を正当化するイデオロギーになっていた。どんな内容だったのだろうか。

明治初期の日本でよく使われた英語の教科書に、アメリカ舶来《はくらい》の『ミッチェル地理書』(*Mitchell's New School Geography*, 1865)がある。その中で人類の発展段階を、野蛮(Savage)、未開(Barbarous)、半文明(Half-Civilized)、文明(Civilized)、開化(Enlightened)の五段階に分類している。では、日本はどこにランク付けされていたのか。

正解は「半文明」。日本人は開化した西洋人よりも二段階も劣ると見なされていたのである。本文を読むともっと腹が立つ。「米、英、仏、独などの文明開化人」はみな白色人種で、「肌が白く容貌に優れ体格に恵まれている。人類の中で最も進歩した知的な人種であり、最高度の進歩と文明を達成する能力を持つ」と自画自賛している。

これに対して、蒙古《もうこ》人種は「気質は忍耐強く勤勉だが、能力に限界があり進歩が遅い」など散々な評価。日本人は「半文明人」で、「外国人に対する警戒心が強く、自国の女性たちを奴隷あつかいする」と書かれている。

†明治知識人の苦悩

西洋の文明観に接した日本の知識人たちは、自分たちが劣った文明段階にあると知り、大いに苦悩した。福澤諭吉は一八六九(明治二)年の『世界国尽《くにづくし》』で『ミッチェル地理書』を紹介し、西洋文明を「文明開化」(当初は「開化文明」)と翻訳している。『文明論之概略』

（一八七五）では「西洋の文明を目的とすること」を論じている。

明治人の文明観といえば、夏目漱石（本名・金之助、一八六七〜一九一六）を忘れてはならない。言わずと知れた近代日本を代表する文豪で、文明批評家でもあった。漱石はロンドン留学中の一九〇一（明治三四）年に書いた「断片」で、「憐れなる日本人」の特性を次のように述べている。「過去の日本人は唐《とう》を模《も》し宋《そう》を擬《ぎ》し元明清《げんみんしん》を模《も》し」てきたが、「維新後の日本人はまた専一《せんいつ》に西洋を模擬《もぎ》せんとするなり」。自分より上位にいる「文明国」のマネばかりしてきたというのである。

では、西洋的な文明観は日本人にどう浸透していったのだろうか。英和辞典での civilization の訳語の変遷を見てみよう。一八六二（文久二）年の『英和対訳袖珍辞書』では「行儀正《ぎょうぎただ》シキ事」だった。一八七三（明治六）年の『附音挿図《ふおんそうず》英和字彙《えいわじい》』では「開化、教化」となり、一八九二（明治二五）年の『双解英和大辞典』では「開化、文明」となっている。明治中期には今日と同様の認識に至っていたことがわかる。では最近の辞書ではどうか。山岸勝栄《やまぎしかつえい》編『スーパー・アンカー英和辞典』（初版一九九七）を引くと「文明、文化」とあり、「culture が精神的な面に重点があるのに対し、civilization は通例物質的な面（特に発達段階）に重点がある」との見事な注記がなされている。

ちなみに、単語の使用頻度の変遷をグラフ化してくれる Google Books Ngram Viewer

というウェブサイトで調べると、civilizationは一八〇〇年頃から一八五〇年頃まで急増し、一九三〇年代までは高止まりだが、その後は使用率が下がっている。戦後は文化人類学の発達などにより、文明段階説は支持されなくなったのだ。

とはいえ、日本のファッション界を見ていると、いまだに「肌が白く容貌に優れ体格に恵まれている」西洋人への憧れが根強いようだが。

文明開化の頃の一般庶民は、英語をどう受けとめていたのだろうか。

†都々逸にまで英語

日本人は古代から外国の風物に憧れを抱いてきた。中国からの「唐物《からもの》」に心惹かれ、江戸時代にはオランダからの南蛮物に飛びついた。幕末にはイギリスなど西洋の文化に憧れ、明治初期には庶民の間にも一大英語ブームが起こった。

明治初期の英語熱のピークは一八七二（明治五）年前後で、子ども向けから大人用まで、実に多くの英語教材が発行された。なかには幕末に流行した都々逸《どどいつ》に英語を盛り込んだものまである。江戸時代の町人文化である都々逸と新時代の英語とが出会った異文化接触を語る史料だ。明治初期に刊行されたと思われる『英語都々逸』（長谷川貞信画／金随堂綿屋梓、図1－3）を見てみよう。本文のカタカナ部分の直後の［　］に私が推定した英単語を記し、意味を示す左注は（　）で示す。いかにも都々逸。なんとも艶《なま》めかしい男女の情愛を描いている。

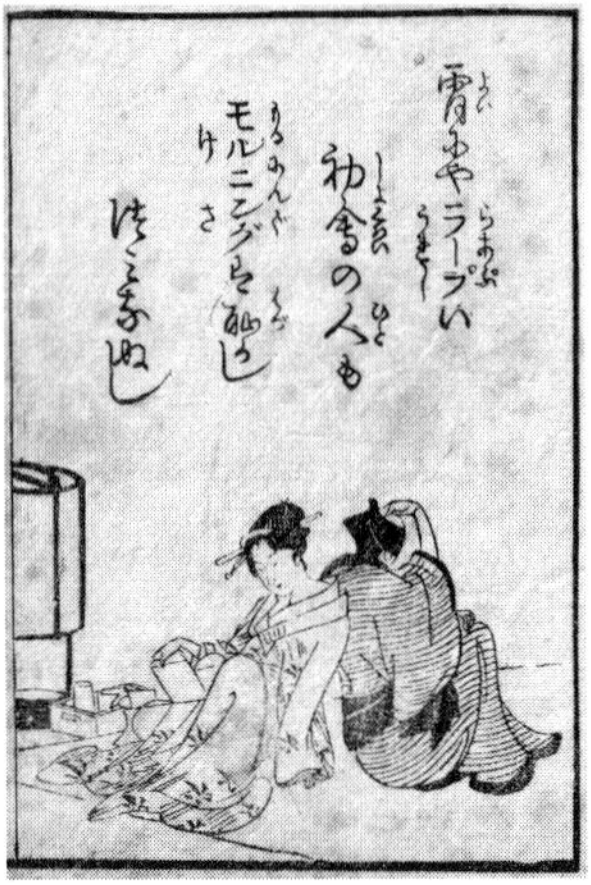

図 1-3　『英語都々逸』（明治初期）

宵《よい》にやラープ［love］（うれし）い
初会《しょかい》の人も
モルニング［morning］（けさ）は恥《はず》かし
つみなぬし

それにしても、都々逸の七・七・七・五の音数律《おんすうりつ》が英語を入れると乱れてしまう。それでも英語（もどき）を詠み込んでみたくなるほど、英語が流行していたのだろう。

†鹿鳴館時代の英語ブーム

だが、明治初期のブームは数年すると引き潮のように去って行った。日本人は熱しやすく冷めやすい。次に来る英語ブームは、不平等条約の改正に向けて政府が本気を出した「欧化政策」の時代、別名「鹿鳴館《ろくめいかん》時代」（一八八三～八七年頃）だった。

一八八三（明治一六）年に西洋風の社交場である鹿鳴館が完成すると、西洋の紳士・淑女を招いて舞踏会や仮装会などが開かれた。狙いは、日本が文明国であることをアピールするためだ。そのため、日本人も慣れない洋装に身を包んだ。まさに文化は洋装から、文明は英語からという欧化の時代だった。

英語熱は女子にも及んだ。『女子学院五十年史』（一九二八）によれば、鹿鳴館時代は「英語を学ばねば人間ではない」という雰囲気で、女子学院の前身である桜井女学校には「潮《うしお》の如《ごと》く寄せ来る英語志望者のために、各室満員、しかもその生徒は十四五歳の少女より四十前後の夫人まで混成の組にて実に異観を呈していた」という。

同校では生徒の英語力を高めるために、毎週金曜日を日本語禁止のイングリッシュデーとした。一言でも日本語をしゃべったら一回につき一銭の罰金を払う決まりだったので、生徒は必死で英語を使った。現在の大学でも日本語禁止の外国語ラウンジなどがあるので、発想はあまり変わらない。自分を追い込まないと外国語は身につかないのである。

3　小中学校に英語がやってきた

†最初の小学校英語ブーム

鹿鳴館時代の英語熱は小学校にまで押し寄せた。

文部科学省の学習指導要領によって、小学校では二〇二〇（令和二）年度から外国語（実質は英語）が正式教科となった。なので、小学校の英語教育は平成・令和に始まったと思う人が多いようだ。ところが実際には、明治期から小学校で英語が教えられていた。近代日本の学校制度を最初に定めた一八七二（明治五）年の「学制」には、すでに小学校で外国語を教えてもよいと書かれていた。しかし、当時は教師も教材も不足しており、外国語を教える小学校はほとんどなかった。

小学校で英語教育が本格的に始まったのは、鹿鳴館が開館した翌年の一八八四（明治一七）年一一月に「小学校教則綱領」が改正され、「英語の初歩を加えるときは読方《よみかた》、会話、習字、作文等を授《さず》くべし」と定められてからである。小学校への英語の導入は欧化政策の一環だったようだ。

二年後の一八八六年には高等小学校制度が発足した。これは四年制の尋常小学校（義務制）を修了した希望者が入学する二〜四年制の学校で、現在の小学校五年から中学校二年（一〇〜一三歳）に相当する。高等小学校の英語は加設科目（一種の選択科目）だったが、発足当初は週二〜三時間ほど英語を教える学校がほとんどだった。たとえば一八八八年に、大阪府は「高等小学校は必ず英語科を置くこと」と定め、和歌山県でも英語を週三時間加設するよう通達している。

この頃は日本中が二回目の英語ブームに沸いていた。全国各地に私立英語学校が設立され、一八八四年には八一校、欧化政策が本格化した一八八六年には二四七校、ピークの一八八八年は三五六校と、四年間で四・四倍。まさに英語バブル期だった。

英語熱の背景には、条約改正によって外国人の「内地雑居《ないちざつきょ》」が実現するかもしれないという期待があった。外国人への治外法権（領事裁判権）が撤廃されれば、外国人は居留地を出て日本国内に自由に居住・旅行・営業ができるようになる。そうなれば西洋人との交際が必要になり、それに備えて英語を勉強しておこうと人々は考えた。

だが一八八七年に条約改正が挫折した。すると、欧化政策から一転して国粋主義が台頭する。世論の変化は英語教育への逆風となった。私立英語学校はバタバタと閉鎖され、一八九二年には一〇二校にまで激減した。近年のタピオカ・ブームと一緒で、お店の前に長蛇の行列ができたかと思うと、翌週には閑古鳥《かんこどり》。まことに日本人は熱しやすく冷めやすい。

†小学校英語をめぐる賛否両論

小学校の英語教育に対しても反対論は根強く、賛成論者と論争になった。明治期の小学校英語教育論争は、一八八五(明治一八)年から開始され、国粋主義が台頭した一八八八年から一八九一年頃をピークに、明治末期まで続いた。

私は雑誌などに掲載された四〇件の論考を調査したが、一つの論考が複数の意見を含む場合はそれぞれに加えたので、賛成・反対・改善論の総計はのべ五二件となる。このうち、小学校英語教育への賛成意見が一五件(二九%)で論点は九項目、反対意見が二四件(四六%)で論点は一八項目、改善意見が一三件(二五%)で提案事項は六項目だった。つまり、反対意見が賛成意見の一・六倍もあった(江利川二〇二二c)。それぞれの代表的な意見を見てみよう。

賛成意見の上位は、①外国人と意思疎通のため(八件)、②進学のため(五件)、③児童は模倣・記憶能力が高いから(三件)、③英語は国際語だから(三件)だった。

①の「外国人と意思疎通のため」は、内地雑居によって外国人と接する機会が増えれば英語でのコミュニケーションが必要だという意見である。今で言う「グローバル化」対応

だ。日本を「欧米文明の範囲内」に入れるために文明国の言語である英語を早く国内に普及させるべきだとの意見もあった。ただし近年の研究では、早く始めれば英語のコミュニケーション能力がつくという確証はなく、思考力がある程度高まってからのほうが高い学習成果を得られるとする研究が主流である（小島二〇一七）。

第二位の②「進学のため」も今と同じだ。明治期には入試に英語を課す中学校も多かった。一八八七（明治二〇）年に岡山県尋常中学校に入学したある生徒は「小学校を卒業した者でも岡山の予備校に入り一、二年英語を学ばねば入学できぬという有様《ありさま》であった」と証言している（『岡山朝日高等学校教育史資料　第2集』）。

これに対して反対意見の上位は、①児童の思考力等の不足・過重負担のため（一二件）、②教師の能力不足のため（一二件）、③児童の英語学力・運用力不足のため（六件）だった。最多の①は、英語は文字も音声も文法も日本語とは大きく異なるため、子どもの思考力が一二歳（中一）程度にまで発達してからのほうが習得しやすいという意見である。

英語教育界の最高指導者だった岡倉由三郎は名著『英語教育』（一九一一）で、「理論上より見ても、また実際の結果より見ても小学校に英語科を置くことの無益なる次第が解《わ》かる」と述べ、「徒労《とろう》の事業」とまで言い切った。その理由として、特に教員の力量不足と国語力の養成が先決であることを強調している。

ここまで批判されて、小学校英語はどうなるのだろうか。

明治末期に、最後の審判が下った。一九一一（明治四四）年に小学校令が改正され、高等小学校の英語科は教科としての地位を失ったのである。どうしても英語を教えたければ、商業科の中で教えてもよいとされるにとどまった。そのため、英語を教える高等小学校は、一九一一年度の五六七校（四・七％）から、翌年度には二八九校（二・二％）へと激減してしまった。事実上、小学校での英語教育は明治政府によって「不要」の判定を下されたのである。

高等小学校は発足当初は中学校を代替するエリート教育機関だったが、やがて就職者コースに変質し、エリートのシンボルだった英語教育の必要性が薄らいだ。実用を目的としたものの、週二時間程度の授業では中途半端すぎた（二〇二〇年度に教科となった小学校英語も週二時間だ）。英語を理解するには児童の発達段階が低すぎて、おまけに教師の力量不足も問題だった。

平成時代にも小学校の英語教育をめぐる賛否両論が展開されたが、そのほとんどは明治期に出されていた。先人たちの声に謙虚に耳を傾けていれば、小学校の英語教育をどうすべきかをもっと冷静に考えられたはずなのだが。

†初期の中学校は外国語学校のよう

エリート教育機関だった旧制中学校では外国語は必修教科であり、進学のための主要教科だった。明治初期の中学校の様子を見ると、まるで外国語学校のようだ。当時の高等教育機関では英米人を中心とする外国人教師が外国語（主に英語）で授業をしていたから、それに対応できるだけの外国語力を中学校で身に付けさせるためである。

一八七二（明治五）年八月に「外国教師にて教授する中学教則」、直後の一〇月に「中学教則略」が公布され、後者で初めて「外国語」という教科名が登場した。こうして中学校の法令はできたものの、実際に開校できた中学校は東京、大阪、長崎の三校にとどまった。

これらは一年足らずで外国語学校に改組された。明治政府が一八七三（明治六）年から翌年にかけて設立した外国語学校は、東京、大阪、長崎、広島、愛知、宮城、新潟の七校だった。ところが、わずか一年ほどで東京以外の六校をすべて英語学校に変えてしまった。生徒のほとんどが英語希望だった上に、経費を節減できるからである。日本の中等学校の英語一辺倒主義は、一八七四（明治七）年頃に始まったのである。

しかし、この英語学校にも受難が続く。一八七七（明治一〇）年二月に西南戦争が勃発し、直後に戦費調達のため宮城、新潟、愛知、広島、長崎の英語学校が廃校になってしまった。それらは各県に移管され、中学校などになった。

相次ぐ制度変更に生徒たちは翻弄された。英語の大家となる斎藤秀三郎《さいとうひでさぶろう》（一八六六～一九二九）の例を見てみよう。一八七四年三月に宮城外国語学校が設立され、同年一一月に斎藤は八歳で入学した。翌月の文部省決定で宮城英語学校に改編され、約二年後の一八七七年二月に廃校にされてしまった。学校は宮城県に移管されて県立の仙台中学校に変わり、さらに校名改変を経て、斎藤は県立宮城中学校を一八七九年に卒業した。宮城英語学校では外国人教師が英語で授業を行い、若き斎藤もメキメキ英語力を獲得していった。特に中学卒業まで指導を受けた米国人教師グールドの感化が大きかったようで、斎藤が執筆した英語教科書には〝Mr. Gould is the man who taught me English.〟という例文が載せてある。

†中学校英語授業のリアル

文部省は一八八一（明治一四）年に「中学校教則大綱」を定め、教育内容の国家基準を示した。英語の週あたりの時間数は四年制の初等中学科が各学年六時間、二年制の高等中学科が各七時間もあり、カリキュラム全体に占める割合は二一％と二七％だった。

一八八六（明治一九）年には中学校令などの各学校令が勅令《ちょくれい》（天皇の命令）として公布された。これによって、天皇を頂点とする中央集権的な国家教育体系が確立した。それまでの中等学校の多くは自由民権派や民権支持者が多い地方名望家が設立したものだった。しかし、こうした自主的・自立的な学校が解体され、強い国家統制のもとに各道府県に一校の尋常《じんじょう》中学校と全国に七校の高等中学校（のちの旧制高校）が置かれた。もっとも各県一校の中学校では足りるはずもなく、その後に増設される。

尋常中学校は成績優秀な男子が集まる五年制の学校（現在の中一～高二に相当）で、上級学校への進学希望者が多かった。中学校令にもとづく英語の内容は「読方・訳解・講読・書取・会話・文法・作文・翻訳」の八分科で、現在の四技能（聴く・話す・読む・書く）の倍もあった。

週の授業時数は第一外国語（英語）が一年生から順に六―六―七―五―五（計二九）、第二外国語（ドイツ語など）が〇―〇―〇―四―三（計七）だった。現在の中学校は英語が週四時間だから、当時は約一・五倍も英語に割いていた。ただし、屈指の進学校だった京都府尋常中学校（現・府立洛北《らくほく》高校）などは英語を一二―一二―八―六―六（計四四）、さらにドイツ語を四・五年生に四時間ずつ課していた。当時は学校の裁量権が強く、進学実績を上げるために英語の時数を大幅に増やしたのである。

明治期における英語授業の様子を見てみよう。高等師範学校の教授だった岸本能武太《のぶた》が、関東三県の中等学校（中学校・師範学校・高等女学校）の英語授業を視察し、文部大臣に提出した報告書は『中学教育に於ける英語科』（一九〇二）として公刊された。それには、「一定の教授法ありしことなし、教師は各自勝手なる事を勝手に教ゆるが故《ゆえ》に、重複することしばしばこれあり、これがため時間と能力とは浪費せらるるなり。また矛盾することしばしばこれあり」といった実態が記されている。教師がお互いの連携もなくバラバラに教えていた様子がわかる。

彼はまた、英語科の「目的は全く訳読にありて、その他はおよそこれが付属物たるが如《ごと》きの観《かん》あり」と、訳読中心だった様子を伝えている。「会話」の授業もあったが、教師が述べる英文を生徒に筆記させるだけで、それを暗記させることも練習させることもなかったと嘆いている。

前学習院教授の佐藤顕理《へんり》も『英語研究法』（一九〇二）で文法の授業の様子を記している。ある中学校の教師は程度の高いアメリカ船来の文法書を使い、その解釈（英文和訳）を教えるだけで、「実際に活用しうる学生のほとんど絶無《ぜつむ》」という状況だった。

一九〇八（明治四一）年に東北・北海道の約六〇校を視察した浅田《あさだ》栄次《えいじ》（東京外国語学校教授）も報告書を文部大臣に提出している（『浅田栄次追懐録』一九一六所収）。それによれば、先進的な教授法を採用する学校がわずかにあったものの、一般には教師の英語知識は低劣で、授業法を改善すべきだと述べている。また、会話を教えている学校は六十数校中、一二校しかなかった。英作文は和文英訳のみで、読本とは無関係に扱われていた。英文法は文法書を読み暗記するのみで、練習・活用に乏しかった。

こうしたお粗末な授業の一因は、教師の力量不足にあった。正式な教員免許を持たない無資格教員の割合は、一八九七（明治三〇）年に中学校全体で四三・六％、高等女学校では四八・一％にも達していた。

教師の力量を向上させるために、文部省は一八九六（明治二九）年から夏休みなどに中等英語教員講習会を開催した。文部省主催による英語教員講習会は一九四八（昭和二三）年までの五三年間に少なくとも六二回実施されたが、これ以外にも大学や教育団体などが主催した教員夏期講習会が数多く開催された（江利川二〇二二a）。教師たちは汗にまみれながら英語力と授業力の向上に励んだのである。

文部省は一九〇二年には広島に第二の高等師範学校（現・広島大学）を開校し、英語教員養成コースも設けた。それでも足りず、同年から臨時教員養成所を設置して教員免許を持つ正規教員を育成した。

†英語教授法を改革せよ

明治初期の人たちは英語をどう学んでいたのだろうか。当時の英語独修書を見ると様子

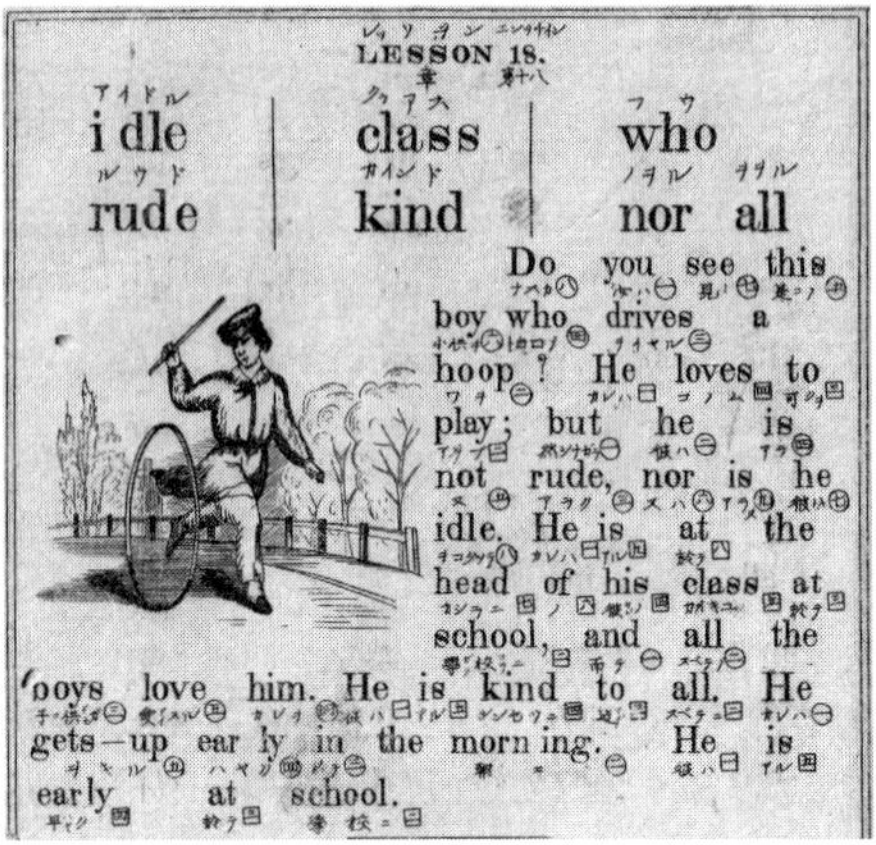

図1-4 『英学捷解』（1872）

がわかる。図1-4は一八七二（明治五）年に刊行された『英学捷解《しょうかい》』の教材例で、米国舶来の『サージェント・リーダー』第一巻の虎の巻（解説本）である。単語ごとに逐語的な「直訳」が与えられ、語順が数字で表記されている。冒頭の文Do you see this boy who drives a hoop?を例に見てみよう。

Do　you　see　this　boy
ナスカ㊇　汝ハ㊀　見㊆　是ノ㊄　子供ヲ㊅
who　drives　a hoop?
トコロノ㊃　オイヤル㊂　ワヲ㊁

この数字どおりに訳語を並べると「汝《なんじ》ハ　ワ〔輪〕ヲ　オイヤル　トコロノ　是《こ》ノ　子供ヲ　見　ナスカ」という文の意味が現れる。まず個々の単語に訳語を与え、左右に行ったり来たりしながら、なんとか意味が通じるようにする。文法の知識が乏しかったこの時代、漢文読解の伝統を引き継いだ方法といえよう。

教師もそんな教え方をしていたのだろうか。岡倉由三郎は明治一〇年頃に東京の英語塾で習ったときの様子を「老英学生のおもい出」（一九三三）で回想している。それによれば、慶應義塾を出た先生が「漢籍《かんせき》を教えるのと同じ様式で、長い箸で、一字一字、単語を指しながら、「アン・エイプ」（一匹の猿が）、「アーム」（腕を）、「ハズ」（持つ）といった具合に、いわゆる直訳流儀に、教えてくれられた」。こうした直訳式の訳読法は、学習英文法や英文解釈法（第2章参照）が登場する明治中期（一八九〇年代）まで続いた。

その明治中期になると、西洋の先進的な学問を英語で学ぶ「英学」の時代は終わり、英語を教科目の一つとして教える「英語教育」の時代になった。それまでは中学校の数学、地理、歴史などの教科書も英書が使われていたが、徐々に日本語の教科書に置きかえられていった。そうなれば、英語力の低下は必然である。

中学校は一八九三（明治二六）年に七四校、男子に占める進学率は二・一％にすぎなかったが、一〇年後には二六九校、進学率六・八％と三倍以上に増加した。さらに高等女学校や実業学校も急増した。こうして中等教育が普及するにつれて、学力・意欲ともに様々な生徒が集まるようになった。そうなると、教え方を工夫しなければ脱落する生徒が増え、英語教授法改革は待ったなしとなった。

一八九七（明治三〇）年に文部省は教科ごとに尋常中学校教科細目調査委員を委嘱し、教授法改革に乗り出した。二年後に出された報告書は各学校に配付され、教授法改革を促した。たとえば英文法の指導法では、はじめは文法教科書を使わず、生徒の学力が一定レベルに達した後に教科書で体系的に教える。文法規則を暗記させるだけではなく用例に照らして活用させるなど、その後の文法指導法を先駆的に述べている。

こうした助走期を経て、文部省は一九〇二（明治三五）年二月に「中学校教授要目」を制定し、教授法の国家基準を定めた。戦後の学習指導要領にあたるもので、たとえば文法の指導では、生徒に煩雑な文法規則を記憶させるのではなく「応用自在ならしめんことを期すべし」とした。会話の指導は読本中の文章または事項に関連づけて行い、やや進んだ段階で日常の事項について対話させ、生徒が文字を見なくても英語を了解し、自己の考えを表現させるようにせよと述べている。今日でも通用する内容である。

当時もっとも先進的な英語教育を行っていた東京高等師範学校附属中学校（現・筑波大附属中・高校）は、一九〇五（明治三八）年に独自の「教授細目」を作成し、一九一〇年には改訂版を発表した。面白いことに、文部省直轄校であるにもかかわらず、文部省の「中学校教授要目」（一九〇二）を批判し、独創的な方針を盛り込んでいる。特に注目されるのは、「当校にては本科教授の主眼目を読書力の養成に置き、他の方面は読書力を養う手段として授くることとする」と述べていることである。

この方針は、翌一九一一年に出版された『英語教育』での岡倉由三郎（東京高等師範学校教授）の主張と一致する。日常生活で英語を使用することなく、もっぱら受験のために英語を学ぶ状況では、「読書力の養成」に重きを置くことが現実的だといえよう。その点は今日でもあまり変わらないのではないだろうか。

次に、文部省の「中学校教授要目」が英語の分科を「発音・綴字・読方・訳解・会話・書取・文法・作文・習字」の九技能に細分化している点を批判し、「聴方・言方・読方及び書方」の四技能に統合した。この画期的な「四技能」化を文部省が公式に受け入れたのは一九四三年で、それは今日まで継承されている。

しかし、学校現場がこうした先進的な教授法に従って授業を行ったとは限らない。実際には、教師にとって最も容易で、かつ入試対策に必要とされた文法訳読式教授法が根強く残ったのである。そして何よりもわかったことは「英語は難しい」ということだった。

†日本人にとって英語は難しい

学校で英語教育が行われるにつれて、英語の難しさがわかってきた。早くも一八九〇（明治二三）年には、英語は習得が非常に困難で、労苦の割には実用水準に達しないので

「為《な》しても出来《でき》ざることは始《はじめ》より為《な》さざるに若《し》かず」といった主張が行われていた（「外国語放逐論」『教育報知』第二二三～二二五号）。同年には田中義五郎も「小学校英語科の廃すべきを論ず」（『教育報知』二一一号）で「始めて言語を学ぶには少くとも一週六時を要するなり。然《しか》るに一週僅《わず》かに三～四時にして四年の授業を終るも果《はた》して何の効《こう》ありや」と述べている。

ちなみに、令和の英語の週時数は小学校高学年で二時間、中学校で四時間である。田中に言わせれば「果して何の効ありや」である。言語学が発達した大正期には、大熊権平《おおくまごんぺい》が、英語は日本語の「語法と全く文脈を異にし、殊《こと》に学習に困難」な言語であると指摘していた（『中等教育の革新と日本の使命』一九一八）。

では、日本人が英語を実用レベルに高めるには、どのくらいの時間が必要なのだろうか。その判断材料となる知見として、アメリカ国務省語学学校（SLS）の研究を紹介しよう。同校は外交官などの政府職員向けの外国語教育を行っており、学習する言語は英語との言語間距離によって難易度順に四つに区分されている。到達目標は「自分が専門とする仕事に使えるコミュニケーション力」で、〇《ゼロ》（運用能力なし）から五（母語話者レベル）の六段階中の三のレベルだ。

習得が最も簡単なカテゴリー一は、フランス語、スペイン語、イタリア語などの英語と密接な語族関係にある言語で、目標達成までに二四～三〇週間（六〇〇～七五〇授業時間）だとされている。反対に、カテゴリー四の「超困難な言語」（Super-hard languages）がアラビア語、中国語、日本語、韓国語の四言語で、目標達成までに八八週間（二二〇〇授業時間）が必要とされ、カテゴリー一の三倍もの時間を要する難解な言語なのである。

外交官のような高いモチベーションと高度な教育を受けた学習者に対して、優秀な教員が、一クラス四人程度の超少人数教室で、朝から晩まで集中訓練をしても、仕事で使えるレベルに達するのに二二〇〇授業時間を要し、さらに半年ほどの留学が推奨されている。

これを反対側から見れば、日本人にとって英語がどれほど難しい言語かがわかる。日本の学校教育では、小学校から高校までの英語の授業時間数は、せいぜい一〇〇〇時間ほどにしかならない。SLSが求める二二〇〇時間の半分以下で、しかもモチベーションや学力が様々な子どもが集まる大教室においてである。学校教育に「仕事で使える実用的な英語力」を求めることが、いかに根拠のないことかは自明と言えよう。

そうした困難な英語に、日本人は挑み続けてきたのである。それは日本語をも変革する挑戦だった。

4　文豪たちの英語力

†英語と近代日本文学

明治以降の日本語は語彙も文体も激しく変貌した。英語などの外国語と濃厚接触したからだ。日本語にはもともと横書きがなかったので、初期の英和辞典では英語は横書きだが、日本語の訳語は九〇度回転して縦書きで書かれていた。実に読みにくい。ところが、一八七一（明治四）年に日本語訳を横書きにした初めての英和辞典である内田《うちだ》晋斎《しんさい》『浅解《せんかい》英和辞林』が登場した。日本語の横書きはコペルニクス的転回だったが、明治中期以降はすっかり定着した。

その明治中期には、日常生活で使う口語体で文章を書くべきだとする言文《げんぶん》一致運動が起こる。一八八七（明治二〇）年には二葉《ふたば》亭四《ていし》迷《めい》が初の言文一致小説『浮雲』を発表した。それまでの日本語は、英語とは異なり、口語と文語とが大きく異なっていた。しかし、その差が徐々に縮まっていき、近代的な日本語に変貌していくのである。それは文体にとどまらず、西洋的な思考様式の移入を伴った。

その最前線にいたのが翻訳者であり文学者だった。日本近代文学の成長に決定的な影響を与えたのは西洋文学である。明治の文学者たちの多くが西洋語、とりわけ英語に通じていた。

では、ここで問題。次の文学者のうち英語教師だった人は誰でしょう（複数選択可）。

芥川龍之介《あくたがわりゅうのすけ》、有島武郎《ありしまたけお》、石川啄木《いしかわたくぼく》、島崎藤村《しまざきとうそん》、坪内逍遥《つぼうちしょうよう》、夏目漱石《なつめそうせき》

正解を言う前に、近代文学と英語との関係を大まかに見ておこう。

一八八二年、外山正一《とやままさかず》・矢田部良吉《やたべりょうきち》・井上哲次郎《いのうえてつじろう》による『新体詩抄《しんたいししょう》』が刊行された。日本初の近代詩集である。それまでの和歌や俳句と異なる詩の形式を追求すべく「西洋の風に模倣して一種新体の詩を作り出せり」との考えで、西洋作品の訳詩一四篇と創作詩五篇を収めている。日本の近代詩もまた西洋詩の模倣から始まり、やがて石川啄木や中原中也などの優れた詩人を生み出すまでになるのである。

『新体詩抄』を編んだ三人とも東京大学の教授で、外山正一（一八四八〜一九〇〇）は国産英語教科書の先駆けとなる『正則文部省英語読本』（一八八九）や『英語教授法』（一八九七）を著し、東大総長や文部大臣にもなった。矢田部良吉（一八五一〜九九）は植物学者だが、

英語教育にも造詣《ぞうけい》が深く、一八九六年に文部省が主催した第一回の中等学校英語教員講習会では講師として英語教授法を講義した。東京高等師範学校（現・筑波大学）の校長だった一八九九年、鎌倉沖で四七歳の若さで溺死したことが惜しまれる。

日本人初の哲学教授である井上哲次郎（一八五六〜一九四四）は、本邦初の学術用語集である『哲学字彙』（一八八一）を編纂した。西洋語由来の「哲学」「科学」「普遍」「認識」「意志」「絶対」「契約」などを日本語に定着させた意義はきわめて大きい。この本の序文が漢文で書かれていることからわかるように、この時代の知識人には漢学の素養があった。だからこそ、西洋の抽象概念を漢字二文字でビシッと翻訳できたのである。

その見事さは、日本で翻訳された「共産主義」「革命」「人民」「共和国」など多くの漢字の用語を中国が逆輸入したことからも明らかである。もし上の四語を日本から輸入していなければ、戦後の中国は建国の理念も国名すらも漢字で表現できない。英語は日本語だけでなく、漢字総本家の中国語をも変革したといえよう。

†夏目漱石も英会話が苦手？

さて、先ほどの問題の解答。作家になった英語教師は、芥川龍之介、有島武郎、石川啄木、島崎藤村、坪内逍遙、夏目漱石。つまり全員だ。まさに近代文学のキラ星のような文豪たちが、英語を学び、教え、みずからの作品を通じて日本語を変革していった。ここでは漱石と藤村を例にとってみよう。

特に抜群の英語力を誇ったのが夏目漱石だった。東京帝国大学英文科の学生時代に鴨《かもの》長明《ちょうめい》の「方丈記」を英訳し、その見事さを英国人教師に激賞されている。英語教師として赴任した第五高等学校（現・熊本大学）でのエピソードも面白い。のちに英語科廃止論の急先鋒となる藤村作《つくる》は、五高の学生時代に、新任の英語教師をとっちめてやろうとクラス総がかりで徹底的に下調べをし、授業中に質問攻めにした。

ところが、「結局学生が総負けで、今度の先生には歯が立たんと言うことになった」（『ある国文学者の生涯』）。この英語教師こそ、夏目金之助（漱石）である。米国の大学を出た前任者の英文解釈は曖昧で満足できなかったが、夏目教授の解釈は明快で、だれもが納得できた。

漱石は東京帝大講師だった一九〇四年に英語教科書の校訂を頼まれた。鏡子《きょうこ》夫人によれば、漱石は教科書の表紙に「東京帝国大学文科大学英文学講師　夏目金之助校訂」とデカデカと書かれているので激怒したという（『漱石の思い出』）。いかにも漱石らしいが、私は漱石が激怒した理由はもう一つあると推測している。お宝として所蔵する漱石校閲の *New Century Choice Readers* の表紙を見ると、Choice が Choise と誤植されている（図

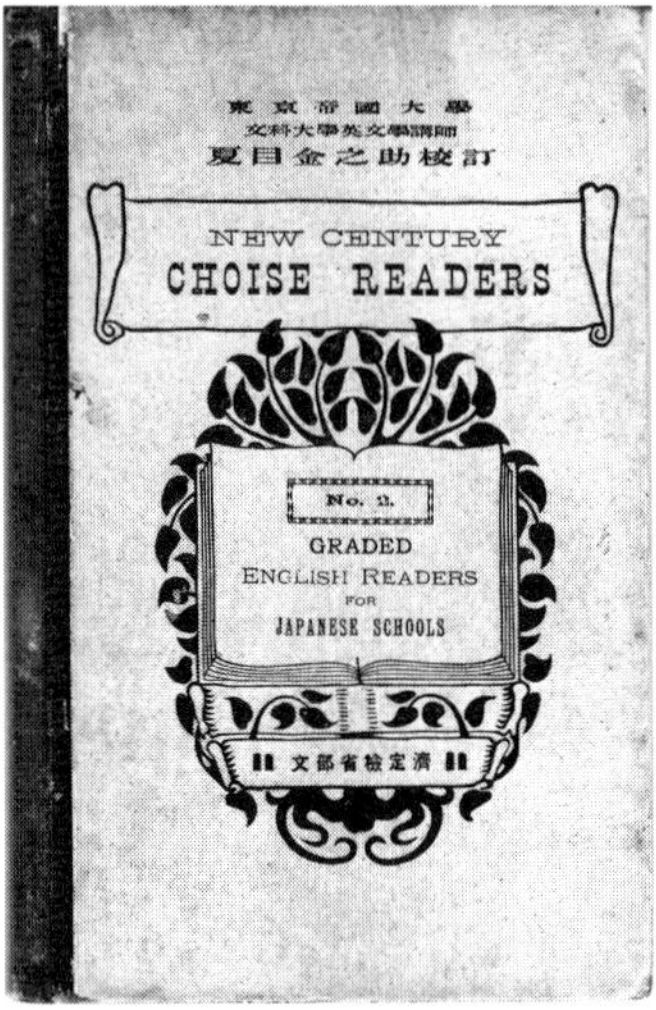

図1-5　夏目漱石校訂 *New Century Choice Readers* の誤植

1-5）。その真上に「夏目金之助校訂」と書かれているのだから、英語教師としては恥辱である。

しかし、英語名人の漱石ですら英国人との会話には苦しんだ。漱石はロンドン留学中の一九〇一（明治三四）年二月九日の手紙で、英国に「二年間おったって到底話すことなどは満足にできないよ。第一先方の言うことが確《し》かと分からないから情けない有様さ」と告白している。たしかに聴き取れなければ話せない。現在でも、あせって英会話学校に行く前に、個人でリスニングのトレーニングをみっちりやる方が費用対効果は高い。

だが、漱石のリスニング力は本当に低かったのだろうか。漱石は東大で外国人講師から英語で講義を受けていた。英国の大学でも英文学の講義を聴講し、一九〇一年二月の手紙には「講義そのものは多少面白い節もあるが日本の大学とさして変わったこともない」とも書いている。立派に聴き取れていたのである。

実は、漱石が聴き取れないと嘆いたのはロンドン下町なまりのコックニーだった。イギリスの英語は地域のみならず階級によって異なる。漱石は大学での「高級な英語」による講義は聴き取れても、ロンドン庶民の英語が聴き取れず、そのため話せなかったのである。

私もイギリス一人旅での失敗談を告白しよう。英語教師にとって英国は憧れだ。ヒースロー空港に降り立ち、ロンドン市街地に行くバス停を係員に尋ねると、笑顔で「アイ・ツー」だと教えてくれた。ところがバス停はAとBだけでH・I・J……の「I2」など見当たらない。再度聞き直してもやはり「アイ・ツー」。それでも見つからないので三回目に行くと、先方はあきれ顔で紙に「A2」と書いてくれた。Aを「アイ」と発音していたのである。「ああ、コックニーだったんだ」と悟ったが、書物での知識は実践で使えなかった。英語教師としてのプライドは旅の初日に打ち砕かれてしまった。これが「生きた英語」のリアルである。だから面白い。

日本語に東北弁や関西弁があるように、英語でもアナウンサーのような標準語をしゃべる人はほとんどいない。だから、ある段階からはニュースだけではなく映画などで実際に話されているナマの英語に触れることをお勧めしたい。聴き取れなかったら英語字幕を出せばよいのだから。

†島崎藤村の英語的文体

島崎藤村（一八七二〜一九四三）は一三歳で英語を学び始め、明治学院を卒業した翌年の一八九二（明治二五）年に弱冠二一歳で翻訳「人生に寄す」を発表した。原作は英国の文人アディスンの"The Vision of Mirza"（一七一一）。藤村の訳文は原文の意味内容をしっかり押さえており、言葉の流れが生みだすリズムを大切にしている（八木功『島崎藤村と英語』）。

この年の一〇月には明治女学校の英語教師となるが、教え子との恋愛問題で悩み、自責の念から辞職して各地を放浪する。その後、東北学院、小諸義塾《こもろぎじゆく》、慶應義塾などで教えた。

藤村の授業の様子はどうだったのだろう。小諸義塾での教え子だった林勇《はやしいさむ》は、「先生は言葉遣いもていねいで、先生と生徒とを対等において話すというふうでした。講義はきわめてもの静かで、乱暴の気味は毛頭なく、親切ていねいで、肌合いの細かい教授ぶりに私たちは引きつけられました」という。また、手紙を出すと「多忙な間にも必ず親切な返事をくださるのが常でした」（蒼丘書林編『回想 教壇上の文学者』）。

藤村は小諸義塾に七年在職し、差別に苦しむ教師の葛藤を描いた長編『破戒』（一九〇六）や、美しい小品集『千曲川《ちくまがわ》のスケッチ』（一九一二）などを世に出した。こうして藤村は言文一致による近代的な文体の確立に貢献し、自然主義文学の旗手となった。

藤村は作品の文体を斬新で豊かなものにするために、英語の表現を意識的に移植した。たとえば、『家』（一九一〇）では英語の find oneself にあたる「宿へ戻って、またお種《たね》は自分一人を部屋の内に見出した」といった表現を使っている。この作品を英訳した William Naff は、この部分を Returning to the inn, Otane found herself all alone again. と訳している。藤村の原文は、そのまま英文に直訳できたのである。

日本語にはない「無生物主語構文」も多用されている。たとえば『春』（一九〇八）には「追想は岸本を楽しい高輪《たかなわ》の学校時代へ連れて行った」、「絶望は彼を不思議な決心に導いた」といった英語的な文体が登場する。

無生物主語の使用は藤村にとどまらない。たとえば国木田独歩《くにきだどっぽ》は『武蔵野』（一八九八）で「その路が君を妙なところへ導く」などの表現を使っている。こうした清新な文体が日本語表現を豊かにし、日本人の間に浸透する。昭和に入ると、藤森成吉《ふじもりせいきち》の戯曲「何が彼女をそうさせたか」（一九二七）が大評判となり、一九三〇年には映画化されて『キネマ旬報』の優秀映画第一位に輝いた。英訳タイトルは "What made her do it?" で、英語に直訳できた。

5 「半文明人」脱却の光と影

†「半文明人」からの脱却

日本は明治憲法(一八八九)などの法整備を進め、教育制度を充実させ、欧米の技術を導入することで国力を充実させた。英語や西洋語の摂取を通じて、西洋的な思考法や文体を取り入れ、日本語と日本人の思考様式までをも近代化していった。ひとまず「文明国」への条件がそろったのである。

こうして、念願の対等条約である日英通商航海条約を一八九四(明治二七)年七月一六日に締結し、翌月には他の一五カ国とも同様の条約を調印した。幕末に結ばれた不平等条約である治外法権の撤廃と関税自主権の一部回復に成功したのである(第一次条約改正)。

日英通商航海条約に調印した九日後の七月二五日に、日本は朝鮮半島の利権をめぐって日清戦争(一八九四〜九五)を開始した。翌年の勝利によって清からの巨額の賠償金や台湾を獲得し、清にとって不平等な下関条約(一八九五)や日清通商航海条約(一八九六)を結んだ。

一八九九年には外国人が日本国内で自由に居住や営業ができる内外雑居が実現した。このことが、日清戦争の勝利による世界進出への欲望と相まって、英語学習熱を再び高めることになった。この時期に刊行された松本亀蔵『明治三十五年改正　東京遊学案内』(一九〇二)は、青年たちに「今こそ外国語を研究せよ!」と檄《げき》を飛ばしている。

今後の日本国民は実業に於《おい》て国交に於て文学に於て、理学に於て、その他の事業に於て、すべからく輸贏《ゆえい》(=勝負)を世界の舞台、世界の市場に決せざるべからず。既にしからば、焉《いずく》んぞ平和的戦争(=経済競争)の利器たる外国語を研究せずして可《か》ならんや。

一九〇二(明治三五)年一月には、ロシアの極東進出への対抗という利害の一致から日英同盟を締結した。戦費も英米からの外債に頼った。これに支えられ、日本は日露戦争(一九〇四～一九〇五)で西洋列強の一角であるロシアに勝利し、続いて韓国併合(一九一〇)を断行した。一連の戦争と植民地化を経て、日本は列強の帝国主義秩序における国際的地位を向上させたのである。

こうして、一九一一年二月には関税自主権の完全回復を盛り込んだ日米通商航海条約を結び、同年中にはドイツやフランスなどとも同等の条約を締結した。明治政府の最大の課題だった不平等条約が最終的に撤廃され、日本はアジアで初めて西洋列強と対等の「文明国」と見なされるようになった。幕末の不平等条約締結から実に半世紀を要し、ようやく「半文明国」のレッテルをはがすことができたのである。

ただし、その実態たるや、夏目漱石が「現代日本の開化《かいか》は皮相上滑《ひそううわすべ》りの開化である」（「現代日本の開化」一九一一）と喝破《かっぱ》したように、人権、個人の自由、民主主義などの内実が立ち遅れていた。また、近代化の過程で行われた戦争や植民地支配は、アジア蔑視の思想を生みだした。

†脱亜入欧とアジア蔑視

日本が「半文明国」から欧米に並ぶ「文明国」へと昇格を果たしたことは、西洋列強と同じ帝国主義の道を進むことを意味した。世界システムにおいて大英帝国が世界の中核に位置する覇権国家であるように、東アジアにおいて日本は中核国家となり、台湾や韓国などを周辺の植民地として支配する体制を築こうとした。これが、その後に大きな火種を残すことになる。

西洋発の文明段階説は、啓蒙思想家としての福澤諭吉に暗い影を落とした。彼は一八八五（明治一八）年の「脱亜論《だつあろん》」で、「西洋の文明国と進退を共にし」、文明段階の低い「アジア東方の悪友を謝絶する」とまで主張するようになった。これは明治政府の方針でもあった。世界を知るためには外国語が必要だが、外国語を学べば世界が正しく認識できるとは限らない。そこが難しい。

日本のエリートたちは文明語である英語や西洋語は熱心に学んだ。他方で、下位とみなした文化圏やその言語に対しては学ばないか、せいぜい商業や軍事のための実用語学として限られた人が学んだにすぎない。古代から上位に位置づけていた中国や朝鮮の文化や言語は、近代になると下位と見なされるようになった。植民地にした台湾では少数民族を「蕃人《ばんじん》」と呼んで蔑《さげす》んだ（本書第3章）。上には媚《こ》びへつらい、下には傲慢に対応する。福澤諭吉の「脱亜論」に見られる文化の優劣感は、そのまま外国語学習にも反映したのである。

一方、夏目漱石は一九〇一年三月一五日の日記に、「支那《しな》人〔中国人〕は日本人よりも遥かに名誉ある国民なり、ただ不幸にして目下不振の有様に沈淪《ちんりん》せるなり」、「日本人は今迄《いままで》どれ程支那人の厄介《やっかい》になりしか、少しは考えて見るがよかろう」と書いている。日清戦争（一八九四〜九五）の勝利によって、日本人の多くが中国人を見下すようになった。それを漱石は「軽薄な根性」だと批判した。彼は福澤の「脱亜論」とは対極の文明観を抱いていたのである。

では英語の専門家たちはアジアをどう見ていたのだろうか。

のちに東京帝国大学英文科主任教授となる市河三喜《いちかわさんき》は、一九歳の第一高等学校（現・東大教養学部）の学生だった一九〇五年、アメリカ人動物学者マルカム・アンダーソンの通訳として韓国の済州島《チェジュ》に同行した。長身で頑健なアンダーソンに対して、市河は短身で、失敗ばかりくり返したという。

朝鮮人の住民に登山ガイドを断られると、怒った市河は「済州島紀行」（一九〇六）に罵《ば》詈《り》雑言《ぞうごん》を書き記した。「ああ遊惰《ゆうだ》の民よ、非活動の民よ、彼らは起きて働かんよりも、むしろ汚穢《おわい》なる陋屋《ろうおく》に蟄居《ちつきょ》して、喫煙賭博に貴重の光陰を消費し、惰眠惰食《だみんだしょく》豚《ぶた》の如《ごと》き生涯を送るをもって、人生最上の幸福なりと考えている」と。

それにしても「豚の如き生涯」とはひどい。これを記したあと、市河らは食料の提供や荷物の運搬などで朝鮮人に助けてもらったのだが。市河が「済州島紀行」を発表した四年後の一九一〇年、大日本帝国は韓国併合を断行した。

こうした市河の言動に対して、筑波大学の斎藤一《はじめ》は「朝鮮人への蔑視と劣等感。アメリカ人への劣等感とその隠蔽《いんぺい》。朝鮮とアメリカのあいだで揺れる日本人青年市河のテクストに一番相応《ふさわ》しい形容詞は、「アンビヴァレント」を除いてほかにないだろう」と評している（斎藤二〇〇六）。

この評価は市河に限らず、明治の多くの日本人に言えることかもしれない。市河と並んで戦前の英語界の最高指導者の一人だった岡倉由三郎も、一八九四年の「朝鮮の教育制度を如何《いかに》すべき」(『教育時論』三三八号)で、朝鮮は日本に較べて開化が「一千年以上」遅れているとし、「人民は破廉恥《はれんち》に、無気力に、絶えて生産事業に従事するとなく、わずかに一日を苟且《こうしょ》する(=場当たり的に過ごす)に過ぎず」と酷評している。岡倉は朝鮮での日本語学校校長も務め、朝鮮人の外国語教育は日本語にすべきだと主張した。理由は、英語は「朝鮮人に取りて、覚え易《やす》からず」というものだった。

このように、福澤諭吉の「脱亜入欧」思想は、決して福澤に限らず、日本を代表する英学者たちにも染み込んでいた。さらに言えば、英語という「上位の」覇権言語とその文化を学ぶことで、無自覚のうちに「下位」(だと刷り込まれている)言語とその文化圏を見下すという文明段階説が多くの日本人の心に根を張り、ダークサイドに引きずり込むのではないだろうか。

だとすれば、小学校から高校まで「外国語」と称して英語しか教えず、「英語を話す人はすごい」と刷り込ませかねない英語帝国主義的な現状の恐ろしさを日本人はもっと自覚すべきだろう。

†英語による二重の「地位上昇」

明治以降の日本人にとって、英語は二重の意味で「地位上昇」のための言語だった。英語は第一に、国際関係においては「半文明国」のレッテルを返上し、欧米と対等な「文明国」の地位に上昇するための言語だった。英語によって欧米の先進的な技術や文化を取り入れることができたからだ。日本人は自分たちよりも上位にある文化圏を崇拝し、その言語を文化語として習得しようとする。英語などの西洋語がこの地位を占めた。明治の知識人の多くは西洋語と西洋文化を習得することで、自分が「脱亜入欧」して文明人へと脱皮できると信じた。

第二に、個人レベルでは、英語は入学試験や検定試験を突破して学歴や資格を手にし、社会的地位を上昇させるための言語だった。江戸時代の身分制社会に固定されていた人々から見れば、英語は「解放の言語」だったのである。

だが、それには激烈な競争試験を突破しなければならない。そのために、学習英文法や英文解釈法が整備され、生徒の英語学習動機も受験目的に傾斜するようになった（第2章参照）。また、正規の中等教育を受けられない人々のなかには、通信教育を含む多様な方法で英語に挑む者も多かった。ただし、難解な英語を独習することはきわめて困難で、挑戦者たちの多くが挫折した。

日本人は英語などの西欧語を学ぶことで近代化に成功した。欧米の学術用語を邦訳し、大学教育を母語である日本語を中心に行えるまでになった。明治の先人たちに感謝しなければならない。

他方で、数学も歴史も英語で教えていた時代が去ると、英語力は着実に低下していった。夏目漱石が「語学養成法」(一九一一)で鋭く指摘したように、「英語の力の衰えた一原因は、日本の教育が正当な順序で発達した結果で、一方から言うと当然のことである」。

こうして、日本の国力が充実するにつれて日本人の英語力は低下していった。それでも日本人は英語を学び続ける。希望を抱き、挫折を重ね、様々な学習法を開拓し、批判と論争を引き起こしながら。

第２章

日本人にふさわしい英語学習法を求めて

南日恒太郎・山崎貞・小野圭次郎の英語参考書

1　立身出世と独学の鬼

†なぜ英語を学ぶのか

なぜ英語を学ぶのか。幕末・明治初期の英学時代には、西洋の学芸の移入という自明の国家目的があった。ところが、明治中期に大学教育まで日本語を中心に行えるようになり、英語が学校の教科目の一つにすぎなくなると、「なぜ英語なんか学ぶのだろう？」という迷いが出てきた。こうして英語学習の目的が論じられるようになる。

その代表格が「教養目的論」と「実用目的論」だ。どっちを優先するかで英語教育／学習観が一変するし、実際に目的論の違いから明治・大正・昭和と激しい英語教育存廃論争が繰り広げられた（第3章）。

「教養目的論」は、英語を学ぶのはすぐに使うためではなく、言語への意識を深め、文化の多様性に気づくなど、人間形成に資するためだと考える。その意味では、三角関数や鉄棒など学校で習うものはほぼ教養目的であり、それらをすぐに仕事で使うためではない。

また、教養の意味を「素養《そよう》」ととる考えもある。日本では英語を実生活で使う機会はほとんどないのだから、中学・高校で教えることができるのは英語の基礎的な素養レベルであり、将来もし実用的な英語力が必要になった際に自力で伸ばせるだけの土台を築くことだという考えである。

「実用目的論」は、英語を習うのは仕事などで使うためだという実利的な発想で、二〇世紀の初頭に産業界から本格的に主張され始めた。だが、二一世紀の日本でも仕事で英語をよく使う人は有業者の一〜二％にすぎないため（寺沢二〇一五）、全員が学ぶ学校教育での英語教育の目的としては無理がある。にもかかわらず、現在の日本の英語教育政策は中学生・高校生に「実用英語技能検定（英検）〇級を五〇％達成」という目標を掲げるなど、実用目的に著しく傾斜している（本書第5章）。

他方、中学・高校生の目線からすれば、最大の学習目的は「受験」だ。これこそが、きれい事ではない本音の学習動機である。そのため、特に中等学校の英語教育を論じる場合には「入試を突破するための英語」という視点を抜きには、リアルな実態に迫ることができない（江利川二〇一一）。先生がいくら英語は「教養」のためと言ったところで、生徒は「強要」されてきたのだ。その点で、仕事や趣味のために英語を学ぶ大人たちとは区別して考えないと混乱する。

問題をもっと広い視野から考えてみよう。明治以降の若者たちは、なぜ必死に英語の勉強をしたのか。それは、明治維新によって江戸時代の身分制社会から解放された人々の前に、自助努力で学歴を得れば立身出世の道が開かれるようになったからである。今では想像もつかないような貧しい暮らし。小学校を出ると働かざるをえない境遇。そこから這い上がるために、多くの若者たちが青雲の志を抱き、苦学・独学に挑んだ。

彼らが読んだ雑誌の一つに一九〇二(明治三五)年創刊の『成功』がある。同誌には立身出世談や独学法などとともに、しばしば英語学習を鼓舞する記事が掲載されていた。たとえば一九〇五年五月号では、国民英学会主幹の磯辺《いそべ》彌一郎《やいちろう》が「日進月歩の今日、英語を知らぬようでは、真に迂愚《うぐ》(=愚鈍)な話で、とうてい当世に処して名前も地位も得らる能《あた》わざるのみならず、満足な生活さえ送る能わざる」と煽《あお》っている。現状からの脱出には英語の勉強が欠かせない。英語は入学試験や資格試験の突破のための重要科目であり、立身出世のパスポートだからだ。

†未来を拓く英語の独学

こうして、学校に通えない多くの若者たちが、自らの未来を切り拓くために英語の独学に励んだ。そんな少年の姿を、石川啄木は明治末期の詩「飛行機」(一九一一)で描いている。

見よ、今日も、かの蒼空《あおぞら》に
飛行機の高く飛べるを。

給仕づとめの少年が
たまに非番の日曜日、
肺病やみの母親とたった二人の家にいて、
ひとりせっせとリイダアの独学をする眼の疲れ……

見よ、今日も、かの蒼空に
飛行機の高く飛べるを。

生活の厳しい現実。そこからの脱出を図るための「リイダアの独学」。少年の上空を舞う飛行機は希望の象徴だった。それを二回も登場させ、啄木は少年を励ましている。あるいは少年に自分を重ね合わせたのかもしれない。啄木は盛岡中学校時代にストライキを決行して英語教師らを追放し、英語を独学する「ユニオン会」を組織した。中学を中退後、生活のために無免許の代用教員として小学生に英語などを教えたが、学校改革のため児童のストライキを指導して失職。貧窮のうちに二六歳で世を去った。

代用教員とは小学校教員階層の最底辺で、その上に尋常小学校准教員から小学校本科正教員まで何段階もの職階があり、それぞれの検定試験に合格すれば、立身出世の階段を上るように給料と社会的地位が上昇した。小学校教員で満足できなくなると、中等学校の教諭、さらには高等教育機関の教授をめざす人もいた。戦前の中学校教諭の給与は小学校訓《くん》導《どう》(現在の教諭)のほぼ二倍もあり、高等教員はさらに高給だったからだ。

そのため、小学校の教員をしながら合格率一〇%以下の文部省中等学校教員検定試験(文検)の突破をめざして猛勉強し、合格後も一段上の文部省高等学校教員検定試験(高検)に挑もうとする衝動が生まれるのである。戦前は正規の学校を卒業しなくても、検定試験に合格すれば卒業者と同等の資格を獲得できるバイパスが存在した。ちなみに高検は教員資格試験では最難関で、レベルは帝国大学卒業程度といわれ、合格すれば教授になれる資格が得られた。

†小学校卒で大学教授になった田中菊雄

挑戦者の多くは挫折した。それでも、難関の検定試験を突破して優れた英語学者になった人がいた。その一人が田中菊雄《たなかきくお》である。

田中菊雄（一八九三〜一九七五）は北海道の小樽に生まれ、酒癖の悪い父の事業失敗で貧窮をきわめたため、高等小学校を出ると一三歳で鉄道給仕となり、英語を独学で学んだ。一九一一（明治四四）年一月に旭川郊外の小学校の代用教員となり、同年七月に尋常小学校准教員の検定試験に合格、翌年七月には尋常小学校本科正教員の検定に合格した。

こう書くと田中はコチコチの堅物《かたぶつ》に思われるかもしれないが、小学校では教え子の森山たいに熱烈な恋をし、やがて生涯の伴侶とした。そうした経緯は、英語教育者による自伝の白眉《はくび》といえる『わたしの英語遍歴』（一九六〇）に詳しい。「たい様たい様！　ああ自分はこの可憐《かれん》な乙女を見ずには寸時《すんじ》も安《やす》き心地《ここち》がしない」などと赤裸々に綴られており、読んでいる方が恥ずかしくなる。

自伝には猛烈な勉強ぶりも書かれている。田中は勉強に集中するために、北海道だというのに暖房をせず、布団も敷かず、ひたすら机に向かった。眠気を我慢できなくなると、外套のまま畳の上に倒れ込み、寒さで目を覚ますと、また机に向かった。旭川に住む米国人に英語を教えてもらうために、勤務のあと毎週三回、どんな吹雪の夜でも一日も休まず、往復一六キロの道を五年間通い続けた。疲れて吹雪の夜に路肩で眠りこけ、危うく馬車ひきに助けてもらったこともあった。

二六歳のときに上京し、鉄道省官房文書課で昼は上司の武信由太郎《たけのぶよしたろう》（のちに早大教授）から英作文を学び、夜は正則英語学校で斎藤秀三郎から講読・文法を学んだ。英語の教員免許は持たなかったが、実力を買われて一九二一年に広島県立呉《くれ》中学校に赴任し、生徒たちに慕われた。あだ名は、声が大きいので「ライオン」だったが、ある一件で生徒を叱らなくなってからは「飴玉《あめだま》」となった。翌年、難関の文部省中等教員検定試験（文検）英語科に合格し、三年後には超難関の高等教員検定試験にも合格した。一九二六年には富山高等学校（現・富山大学）教授、一九三〇年には山形高等学校教授、戦後の学制改革で山形大学教授となった。一九六〇年の定年退職後は神奈川大学教授を歴任した。

著作は多く、なかでも世界最大・最高の英語辞典 *The Oxford English Dictionary*（*OED*）をポケットサイズに凝縮した『岩波英和辞典』（一九三六年初版）はユニークな逸品である。島村盛助《しまむらもりすけ》・土居光知《どいこうち》・田中菊雄の共著となっているが、実際の執筆は田中だった。

戦後の一九五一年には新増訂版、一九五八年には新版が出た。現在は絶版だが、その学究的な内容ゆえに私を含め愛用者は多い。最大の特徴は、*OED* に倣って語義を歴史的発達の順に示したことである。たとえば earth を引くと、「（a）地（＝the ground）、（b）世界（＝the world）、（c）地球《この意義は一五世紀以降》」と書かれている。田中は「生きて働く英語を固定した訳語に閉じ込めることは、英語を正しく学ぶ妨げになる」として、語義の変遷を理解してから、文脈に添った適訳を考えることを提唱している。

田中にとって『岩波英和』の執筆こそが人生最大の修業となった。元旦以外は一日も休まず、書いた原稿を島村の自宅に持参し、読み上げ、島村の修正意見を聞いて訂正し、完成原稿を山形中央郵便局の最後の収集時刻である夜一〇時に投函する。こんな生活を六年も続けたのである。この間、連続三時間以上の睡眠をとることはまずなかった。出版前年の夏休み二カ月間は東京の印刷所から一歩も出ずに校正に没頭し、夜は椅子を並べて横になった。

こうして一九三六（昭和一一）年に『岩波英和』が世に出た。だが、予想外に売れなかった。田中は初版の「本辞書編纂に就《つ》いて」で、「まず一応曲りなりにも事が足ればよいという所謂《いわゆる》実用主義がそもそも百害の根源なのである」と英語教育の風潮を批判している。傾聴に値する。しかし学術辞典と学習辞典とは違う。一般の英語学習者は語義の歴史的な変遷を見すえて適訳を考えるよりも、頻度順に手っ取り早く訳語が見つかる「実用主義」的な辞書を求める。

現在では紙の辞書をほとんど引かなくなった。しかし、電子辞書やネット辞書は素早く引けるし音声も出て便利だが、引いた単語が記憶に残りにくい特性がある。苦労せずして語学はモノにならないようだ。

田中の著書は現在でも根強い人気で、たとえば『わたしの英語遍歴』の古書価は五万円ほどする（二〇二二年九月時点）。独学の経験を活かした『英語研究者の為に』（一九四〇年初版）は英語への情熱がほとばしる名著で、一九六六年版をベースにした講談社学術文庫版も出たが、旧版のほうが気迫がこもっている。英語を本気できわめたい人にはぜひお勧めしたい。

それより程度を下げたのが『英語学習法』（一九三八年初版）で、画期的な本として田中菊雄の名前を一躍有名にし、改訂を重ねて戦後も読み継がれた。神田乃武《ないぶ》や夏目漱石など英語名人の学習法を多数紹介しているのも嬉しい。中等学校の生徒用には文庫本の『英語勉強法』（一九四二）も出しており、そこでは田中流の「英語上達の十大秘訣《ひけつ》」が書かれている。以下はその要旨。

第一　驀進《ばくしん》：必勝の意気と気合いと頑張りは百の勉強法にも優《まさ》って大切である。
第二　音読：何度も声を出して読むと英語の口調がわかってくる。
第三　暗誦《あんしょう》：音読を繰り返し、暗誦せよ。練習を積めば長い文章も暗誦できるようになる。暗誦は外国語学習の枢軸《すうじく》である。
第四　筆写：教科書の英文をペンで筆写する。効果てきめんである。

第五　暗書：暗誦した文を書く。他人が読む文を書き取るのもよい。
第六　復文：英文を和訳し、しばらく日時を空けて訳文を英文に逆翻訳して対照する。
第七　平易な英文を多く読め：現在の学力よりも低い程度の英文を多読せよ。
第八　英語雑誌へ投稿せよ：雑誌掲載の課題に解答し、継続的に投稿せよ。
第九　英語をもてあそべ：英文日記や英語で葉書を書くなど、あらゆる機会に英語を用いよ。
第十　胆大《たんだい》と心小《しんしょう》：間違いを恐れず大胆に英語を使い、教科書には細心の注意を。

最後に田中は、この「十大秘訣もこれを要するにRepetition〔反復〕の一語に帰するのである。ただ手を替え、品を替え、各方面の心力を総動員して反復することである」と述べている。

†辞書の鬼・入江祝衛

田中菊雄は『岩波英和辞典』を世に送ったが、辞書編纂といえば「辞書の鬼」の異名を持つ入江《いりえ》祝衛《いわえ》（一八六六〜一九二九）を忘れるわけにはいかない。
辞書編纂は用例集めから語釈、校正に至るまで、コツコツ地道な作業を気の遠くなるような時間をかけて行うマラソンのような仕事だ。そんな辞書編纂者にふさわしい忍耐と努力の人が、入江祝衛である。

入江は学費のかからない埼玉県師範学校に通ったが、英語の授業がなかったため独学で英語を学んだ。小学校に赴任後も外国人教師から直接英語を学ぶため、埼玉県の小学校から東京銀座まで往復五六キロもの道を毎晩走り抜いたという。フルマラソン以上の走行距離である。一八八九（明治二二）年には著名な英語学校だった東京の国民英学会に入学し、午前中は教師として初級生に英語を教え、午後は生徒として英語を学んだ。

生涯に五冊の辞書を刊行したが、なかでも『詳解英和辞典』（一九一二）は「明治時代全体を通じて英和辞書の白眉《はくび》」（永嶋一九七〇）である。入江は六年半の歳月をかけ、独力で完成させた。それまでは訳語を羅列しただけの辞書が多かったが、入江は語義ごとに用例を添え、語義・文法・語法・日英比較・類義語などの解説を豊富に盛り込んだ。附録として、詳細な「前置詞用法」や「接頭語接尾語及語根略解」なども付けている。語学本位で学習英和辞典の原型となった。そうした優れた内容ゆえに、東京高等師範学校附属中学校（現・筑波大学附属中学・高校）などでは生徒用の指定辞書とした。一九八五年には復刻版も出ている。

入江は一九一五（大正四）年に「語の文法関係」を示した『英文法辞典』を刊行した（一

九一八年に『英作文辞典』と改題）。語と語のつながり（コロケーション）を豊富な例文で提示した画期的な辞典で、勝俣銓吉郎《かつまたせんきちろう》の『英和活用大辞典』（一九三九）が出るまでは類書がなく、戦後も長らく使われた。

入江が最も心血を注いだ辞書は『モダーン和英辞典』（一九二五）で、実に一〇年の歳月を費やした。彼は一日も休まず上野図書館（現・国立国会図書館）に通って英書を読破し、用例カードは一〇〇万枚を超えた。ところが、原稿が完成して印刷用の組版中に関東大震災（一九二三）が襲った。あわてて印刷工場に出向くと、すでに焼失し、組版も活字も灰になってしまった。

絶望感に打ちひしがれて帰宅すると、迫り来る火災を心配した夫人が汗びっしょりになりながら庭に穴を掘り、三〇〇キロもあるカードや原稿を埋めていた。

「あなたが、あんなに心血を注いで集められたものを空しく焼いてはならないと思って、みな土に埋めました」

辞書の鬼も、このときは泣いた。

奇跡的に残された材料をもとに、入江はさらに超人的な努力を続けた。毎朝三時に起き、時間を惜しんで昼食は抜き、風呂に入るのは月に一〜二回、髪は夫人に裁縫《さいほう》バサミで刈ってもらった。過労で吐血が続いても、仕事の中断を恐れて医者を呼ばなかった。

かくして『モダーン和英辞典』が完成した。だが、著名なA・W・メドレーとの共編とされ、震災の影響もあって厚さ一・八センチの地味な小型辞書へと変更されていた。そのため、三省堂『袖珍コンサイス和英辞典』（一九二三）や竹原常太《たけはらつねた》『スタンダード和英大辞典』（一九二四）などの華々しい辞書の陰に隠れ、あまり売れなかった。現在、この辞書を収蔵する図書館は全国に三館しかない。

いま私たちは学習に便利な辞書を簡単に手にすることができる。でもそれは、入江のような辞書編纂者たちの不屈の努力があったからだ。感謝して学習に励まないとバチがあたる。

†豆腐屋をしながら教授への資格を得た柴田徹士

柴田徹士《てつお》（一九一〇〜九九）もほぼ独力で英語力を磨き、大阪大学教授になった。彼は一九一〇（明治四三）年に香川県に生まれ、一〇人きょうだいの長男として昼間は家業の豆腐屋で働きながら、夜間の商業学校を卒業。二年後の一九三〇（昭和五）年に難関の文部省中等教員検定試験英語科に合格したが、その後も豆腐屋として朝の暗いうちから豆腐や油揚げ作りを続けていた。

さらに独学に励み、一九三三（昭和八）年には高等教員検定試験英語科に合格、教授になれる資格を得た。新聞で「豆腐屋が高等教員に合格」と社会面のトップ記事になったという。こうした職業差別的な表現は今なら許されないが、当時の人々の驚きが伝わってくる。こうして大阪府立高津《こうづ》中学（現・高津高校）の教諭となり、一九四二（昭和一七）年には甲陽高等商業学校（一九四八年廃校）の教授、次いで大阪府立浪速《なにわ》高等学校の教授、戦後の学制改革により大阪大学教養部の教授となった。

柴田が編集主幹だった『アンカー英和辞典』（学研、一九七二）は優れた学習辞典だった。名参考書『英文解釈の技術』（金子書房、一九六〇）は一九九五年に第四五刷と版を重ねたが、その後に絶版。オークションで一万円を超す高値が付いたこともあり、二〇一一年にオンデマンド版として復刊された。高一程度から大学受験まで、この一冊で段階的に実力がつくように構成されている。巻末には詳細な「熟語・構文索引」と「文法用語索引」が付いており、読解用ハンドブックとしても使える。

自らの英語学習史と勉強法を語った『英語再入門』（南雲堂、一九八五）は実に面白い。その中から、柴田が精読の魅力について語っている部分を引用しよう。

精読法の魅力をまず理解しておかなければなりません。いろいろ手間をかける。苦心して考える。辞書をひっくり返す。それは、魅力を感じとれない人には難行苦行のように見えるかも知れませんが、そこには未知の領域に踏み込む楽しみがあります。そして、最後に、ある一節が隅から隅までわかったと感じられれば、その一節全体が透明の結晶――光り輝く玉のごとく見える。誇張して言えば、一種のエクスタシーを感じます。これが最大の魅力です。

エクスタシーを得たければ、口語調のヤワな英語ではだめで、知性を鍛える難解かつ深遠な英文と格闘するしかない。そのとき脳は快楽物質ドーパミンを放出するから、さらに難解な英語を求めたくなる。やがてクセになり、魔性の英語にはまり込む。そこに天国を見るか、地獄を見るか。それは誰にもわからない。

以上、ほぼ独学によって英語で身を立てた三人の事例を見てきた。共通するのは高い志、情熱、そして努力である。だが精神論にとどまらず、英語を極めた人たちの英語学習法についてもっと具体的に知りたい。

2　英語名人たちはどう学んだか

英語名人の学習法を探れ

日本人にとって英語は難しい。それでも英語をきわめた英語名人たちは歴史上かなりの数に達する。その人たちがどんな学習法を実践し、推奨したかを知れば、現代の日本人にも示唆するものがあるのではないか。そう考え、明治以降の英語雑誌や単行本をしらみつぶしに当たり、英語名人たちが英語学習法について書いた文章や談話記事を片っ端から集めた。すると、あるある。

たとえば、一九〇七（明治四〇）年には『英語界』編輯局編『余《よ》は如何《いか》にして英語を学びしか』が出ている。タイトルこそ内村鑑三《うちむらかんぞう》『余は如何にしてキリスト信徒となりしか』（一八九五）のパクリだが、内容は神田《かんだ》乃武《ないぶ》、岡倉由三郎など一四人の巨匠たちが英語学習法を真面目に述べている。

一九一五年からは正則英語学校（斎藤秀三郎校長）の準機関誌である『英語の日本』が「英語大家歴訪録」を二四回連載し、のちに澁谷新平編『英語の学び方』（一九一八）として一冊にまとめられた。英語教育界を代表する二六大家の英語学習法を集大成しており、附録にも七六人による英語学習のアドバイスが掲載されている。ほとんどが英語教師の経験者だから教育的な観点も盛り込まれており、英語学習法に関する書籍としては質・量ともに最も充実したものである。

第一外国語学校編『十六大家講演集　英語研究苦心談』（一九二五）は、村井《むらい》知至《ともよし》、安部《あべ》磯雄《いそお》、武信由太郎など一六人の英語名人たちが自身の英語学習・研究体験を披瀝《ひれき》し、学習法を述べた重要文献である。講演筆記のため読みやすく、人間味あふれる逸話を楽しみながら英語習得の奥義を学ぶことができる。

以上の二冊とも、私の監修・解題で『英語教育史重要文献集成』第六・七巻（ゆまに書房、二〇一八）として復刻したので、お読みいただきたい。

それ以外にも多くの資料に当たり、市河三喜、斎藤秀三郎、津田《つだ》梅子《うめこ》、夏目漱石、新渡《にと》戸《べ》稲造《いなぞう》、福澤諭吉など英語大家一一一人の学習法を集めることができた。これらの英語名人たちが、精読、多読、文法学習、音読、暗誦などの学習項目うち、推奨している項目を数えていった（青田・江利川二〇一三）。名人たちが誰を対象に学習法を推奨しているかは曖昧な場合が多いが、多くは中等学校生だと思われる。

では、英語名人たちがオススメの学習法はどんなものだったのか。集計の結果は図2－1の通り。

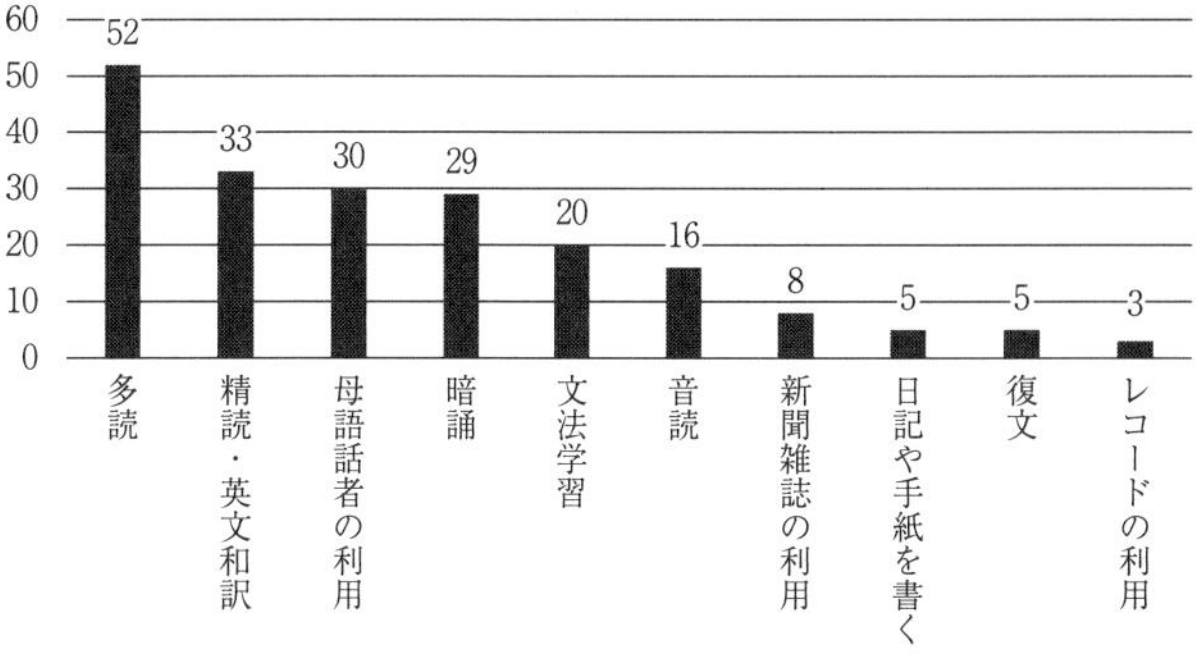

図 2-1　英語名人が推奨する学習法

第一位は多読

英語名人たちが最もオススメの英語学習法は「多読」（五二人）で、半数近い名人が推奨し、次点の「精読・英文和訳」の三三人を大幅に上回っている。三位の母語話者（ネイティブ・スピーカー）の利用（三〇人）や四位の「暗誦」（二九人）までは大差がない。これに五位の「文法学習」（二〇人）と六位の「音読」（一六人）が続く。

第一位の「多読」に関して、代表的な意見を紹介しよう。夏目漱石は一九〇六（明治三九）年に「現代読書法」で次のように述べている。このとき漱石は第一高等学校と東京帝国大学（ともに現・東大）で英語・英文学を教えていた。

英語を修《おさ》むる青年は、ある程度まで修めたら辞書を引かないで無茶苦茶に英書をたくさんと読むがよい。少し解《わか》らない節があってそのところは飛ばして読んでいってもドシドシと読書してゆくと終《しまい》には解るようになる。また前後の関係でも了解せられる。それでも解らないのは滅多に出ない文字である。

ここで見落としてはならないのは、漱石が多読を勧めている対象は、英語を「ある程度まで修めた」段階の学習者だということである。それ以前の初級段階の人には文法規則を学ぶ大切さを述べている（後述）。

女子留学生第一号の津田梅子《つだうめこ》（津田塾大学の創設者）も「女子と英語」（一九一八）で多読を推奨し、「趣味のあるもので、自分の力に相応したものをたくさん読むように心掛けることが必要です。その間に英語に対する興味が湧いてきて、ますます読みたくなります」と述べている。津田が言うように、多読で大事なことは自分の興味と英語力に合ったものを選ぶことだ。そうすることで、「これ面白い」「これなら読める」という内的動機づけが起こるのである。現在ではジャンルやレベル別の多読教材が多数出版されているので、活用してみてはどうだろうか。

斎藤秀三郎といえば文法や語法にやたら厳しい教師というイメージが強いが、岐阜中学校教諭時代（一八八八〜九二）には生徒たちに多読を推奨していた。生徒だった長屋順耳《ながやじゅんじ》

（一八七四～一九五一）の回想「英語研究談」（一九一二）によれば、斎藤は『ロビンソン・クルーソー』や『リップ・ヴァン・ウインクル』などの小説をたくさん買い込んで、どんどん生徒に貸し与えた。生徒は辞書も引かずに一生懸命に読んで返しに行くと、あらすじを言わされ、うまく言えれば次の本を貸してもらえるが、言えなければ「もう一度よく読んでこい」と突き返された。こうして長屋は大いに英語力を伸ばし、東京帝国大学（現・東大）英文科を卒業。広島高等師範学校（現・広島大）教授や東京外国語学校（現・東京外大）校長などを歴任した。

†精読も大切だ

多読に次ぐ第二位は「精読・英文和訳」の三三人である。つまり、一位と二位はどちらも読解力の養成であり、多読も精読も必要だということになる。七位の「新聞雑誌の利用」もこれに類するだろう。では、多読・速読と精読・和訳の関係はどうなるのか。この点について、田中菊雄は『英語勉強法』（一九四一）で明快に述べている。

現在の実力相当または以上のものを精読すると同時に、自分の実力以下の平易な書物を速読するという風にしていくことが肝要である。精読には一字一句をゆるがせにせず、丹念に辞書を引いて読む。速読には辞書を引かず、大意を取りつつ要点または感心せる点または疑問の部分等にマークしつつ少なくとも一章、十数頁または数十頁は一気に読破して要領を摘《つま》むことである。しかし速読は決して散読《さんどく》または漫読《まんどく》ではない。等しく精神の白熱をもってしなければならぬ。

一つの英文を読む際にも、易しい部分はギアを上げて速読し、難解な部分は精読に切りかえて一字一句の意味を吟味《ぎんみ》し、和訳してみるのもよい。

前述の柴田徹士も『英語再入門』(一九八五)で「精読法を知らない人の学力は、ある程度以上は伸びませんね。あとで楽に勉強しようと思えば、なるべく早く精読法を身につけることです」とアドバイスしている。その上で、「精読法だけでは十分でない。多読法と精読法と両方を利用しないと、効果は上がりにくい。どちらも両極端ですが、極端な方法が会得《えとく》できないと、うまくいかないのです」と指摘している。田中の意見と同様、精読と多読の組み合わせが大事なのである。

もう一つ読解力に必要なのが、幅広い教養である。英文の内容は、たとえば臓器移植や地球温暖化など多岐にわたるため、背景知識があるかないかで読解力および読解速度は大きく変わる。その点はリスニングでも会話でも同じだ。

和訳する場合には、思考力と日本語力が試される。英文の内容がわかったつもりでも、それを的確な日本語で表現するには一段階上の実力が必要である。私も大学での指導を通じて何度も見てきたが、英語力が伸び悩んでいる学生は共通して日本語力が弱い。パレスチナ問題やウクライナ情勢などの時事問題を知らなければ時事英語がわからないように、狭義の英語の勉強だけでは英語力は伸びないのである。

†ネイティブの利用と暗誦

三位は母語話者（ネイティブ・スピーカー）の利用（三〇人）。英字新聞の記者として有名だった頭《ず》本元貞《もともとさだ》は『余は如何にして英語を学びしか』（一九〇七）で次のように述べている。

> 会話もなるべく外人に接して練習し、上手になるのが必要である。会話よりして吾々《われわれ》はidiomatic English（慣用英語）を覚える。これが大いに作文の助けになる。特に叙事文を作るには、はなはだ肝要である。会話に熟達することは最も平易なる最も普通なる英語に熟達することで、すなわち英語的英語に熟達することである。

とはいえ、前述の田中菊雄や入江祝衛のように、昔は英語母語話者から直接教えを乞うには途方もない苦労を要することも多かった。教会のバイブル・クラスに通うなどして学んだ例も報告されている。

四位は暗誦で、戦前はとくに暗誦を求めた。一八八七（明治二〇）年に岡山県尋常中学校（現・岡山朝日高校）に入学した亀高徳平《かめたかとくへい》は、「四五年生では歴史はパーレーの万国史を一日に十数頁を暗記して行き、教師の問に対して答えねばならなかった」（松村一九八〇）という。東京大学英文科教授でアメリカ文学の泰斗《たいと》である大橋健三郎（一九一九〜二〇一四）も、京都市立第一商業学校の生徒だったときの暗誦の想い出を語っている（『わが文学放浪の記』）。

〔ミス・サウター〕先生が口述する英語の文章を書き取り、それを家できちんとペン書きし、それを暗記して次の授業に出てゆく。先生は、英文の暗誦をさせるのだが、少しでも間違えたり、詰まったりすると、たちまち「ネックスト！」と厳しい声が掛かって、次の生徒と交替（中略）一学年続けているうちに、何とか「ネックスト！」と言われずにすむようになったばかりか、暗記した英語がすらすらと口から出てくるのを楽しむようにさえなった。（中略）私はこの授業のおかげで、英語というものの自然な構造を身につけることができて、文学にも繋がる言語感覚の錬磨《れんま》の基礎を作り得た。

やはり若いうちにたくさんの英文を暗誦し、脳内に大量の英語をストックしておくことが、言語感覚を鋭くし、自然なアウトプットをもたらすのである。暗誦は最初のうちはたいへんだが、繰りかえすうちに脳が暗誦慣れして速度が増していく。ボケ防止にも良いだろう。

†文法・音読・英作文の攻略法

五位の文法学習の重要性（二〇人）については、漱石が「語学養成法」（一九一一）で次のように述べている。さすがだ。

今の中学でただ練習の結果自然と英語を学ぶのは困難である。やむをえずまず規則を知ってそれを骨とし、それに肉を着せて互いの意志の疎通するように話し書くほかはない（少時間の練習では、とてもべちゃべちゃしゃべり散らす域に進むことはできないから）。（中略）文法を離れて訳はなく、訳を離れて文法はないものと合点しなければならない。

明治三〇年代には、幼児が親の口まねをしながら言葉を獲得するように、文法を学ばなくても英語をしゃべれるようになるといったナチュラル・メソッド（自然教授法）が推奨された。近年でも、小中学校ではコミュニケーション活動を通じて自然に英語が身につくはずだといった教授法を信奉する人がいる。コマーシャルでは「英語を聞き流すだけで」とか「英語をシャワーのように浴びれば」話せるようになるといった宣伝がなされている。でも通販によくある「*個人の感想です」なので、信じない方がよい。

日本語と英語とは言語の構造が極端に違うため、わずかな学習時間では、文法を学ばずに英語が使えるようになるのはまず不可能だ。漱石が指摘するように、「ただ練習の結果自然と英語を学ぶのは困難」であり、「少時間の練習では、とてもべちゃべちゃしゃべり散らす域に進むことはできない」のである。

学習英文法の名著である山崎貞《やまさきさだ》の『自修英文典』（初版一九一三、改訂後は『新自修英文典』）の序文は、文法学習の意義をズバリ語っている。「自国語なら、別に文法などやらないでも相応に使いこなすこともできよう。しかし他国語を学ぶのに母国語に熟すると同じやり方で行けというのは、その国に生れ変れというように等しく不可能である」。

まさにその通りで、ドイツ人やフランス人が言語系統の近い英語を学ぶ場合には文法の知識はあまりいらないだろうが、日本人が「文法を知らずして文を作ろう、本を読もうというのは、舵《かじ》なくして舟を進めようとするようなものである」。至言である。

『新自修英文典』を二回通読したある中学生は、「（山崎）先生の稀に見る講義振りにより、わずか一ヵ月にして驚く程、読書力の増進したのを感じております」（『上級英語』一九三〇年三月号）との感想を寄せている。私の体験でも、高一のときに英語について行けなくなったが、易しい梶木隆一《かじきりゅういち》『英語の基礎』を夏休みに通読したところ、秋からは英語がよくわかるようになった。

オーラル重視の時代ではあるが、やはり英文法は大切だ。自分に合った文法書を繰り返し参照するとよい。あえて一冊を選べと言われたら、私は初級文法が済んだ人には江《え》川泰《がわたい》一郎《いちろう》『英文法解説（第三版）』（金子書房、一九九一）をお勧めする。

六位の音読は、明治期から現在に至るまで重要視されている。古くから漢文の入門期には素読という名の音読が行われ、明治期には文部省が定めた英語学習項目に「読方《よみかた》」として音読が明記されていた。戦後で音読といえば、國弘正雄《くにひろまさお》（一九三〇〜二〇一四）の「只管《しかん》朗読《ろうどく》」が有名だ。英文をただひたすら（國弘流は五〇〇回〜一〇〇〇回）音読することで英語を身体にしみこませる。禅の修行のようだ。すると、読む・書く・聞く・話すの総合的な英語力が高まるというご利益《りやく》があるそうだ。

八位の「日記や手紙を書く」と九位の「復文」はともに英作文。日記や手紙は自己表現活動であり、自由英作文だから実力がつく。復文とは英文を和訳した文を元の英文に直す活動だから、ゴールはオリジナルの自然な英文となる。そのため日本人が創作した和臭のする英文にならないのである。

その意味では、佐伯好郎《さえきよしろう》が推奨する「英作文は英借文《しゃくぶん》」も、ダジャレのようだが核心を突いている。自己流に「作文」するのではなく、正しい英文の表現を借りて「借文」するのである。そのためには、「面倒のようでも文法を究《きわ》め、なお程度の低い読物をたくさんに渉猟《しょうりょう》して借文の際いつでも不自由なしに融通してやる準備を常にしておくことが肝要である」（澁谷一九一八）。“The good writing comes from the good reading.” なのである。

和文英訳のやり方については、岡倉由三郎が「試験場にて」（『英語世界』一九一四年三月増刊号）で受験生に助言している。問題文を何度も読んで意味を理解し、「自分の頭の中でその意味を有する文を作り代える必要がある」。たとえば三つのセンテンスの日本文があったとしたら、「これを四つにしても五にしてもよいから」「これを外国人にはいかにして言い表すかということを考え」英文にする。一通りできあがったら何度も読んで文法の誤り、スペリングの間違いがないようにする。このように、岡倉は和文英訳では直訳を避けて意味内容を伝えるよう助言している。

†学習法は目的・個性に合わせて

様々な学習法を見てきたが、学習法は学ぶ目的や到達レベルで変わり、個人の知能特性によっても異なる。ハーバード大学教授のガードナーが提唱する「多重知能理論」（MI理論）によれば、人間は①言語的知能、②論理・数学的知能、③空間的知能、④音楽的知能、⑤身体運動的知能、⑥対人的知能、⑦内省的知能、⑧博物的知能などの複数の知能（Multiple Intelligences = MI）を持っており、それぞれの知能の強弱は個人によって異なる。

そのため外国語を学ぶときも全員一律の学習法に従うのではなく、例えば音楽的知能が高い人は歌やチャンツなどを使って学ぶなど、各自が得意とする知能を活用すればよいのである。その意味では、田中菊雄が『英語勉強法』（一九四一）で「漫然と勉強せずに、自分の個性にぴったりと合った勉強法というものを自分で工夫するということは極めて大事なことであります」と書いている通りだ。

英語のどういう側面を伸ばすかは、目的によっても異なる。第二高等学校（現・東北大学）教授の玉虫一郎一《たまむしいちろういち》は、「高等学校、高等師範学校のような学校は解釈本意で進め、高商（高等商業学校）の様な学校は実用本位で進めて行くべきものであろうと思う」と指摘している（澁谷一九一八）。前者では学術書を読み解くなどのアカデミックな目的が重視され、後者では外国貿易や商談の実務といった実用目的が重視されるのである。

†学習法を超えた内村鑑三『外国語之研究』

実際の学習では多読、精読、暗誦などの様々な学習法を組み合わせることになる。そうした学習法を体系的に論じた初期の著作が、内村鑑三《うちむらかんぞう》の『外国語之研究』(一八九九)だ。

キリスト教思想家として有名な内村鑑三(一八六一～一九三〇)は、英語教育者であり、近代日本屈指の英文家でもあった。内村は一八七三(明治六)年に東京の有馬私学校で英語を学び、翌年に東京外国語学校英語科に入学、さらに一八七七年に進学した札幌農学校(現・北海道大学)を首席で卒業した。同校の授業はすべて英語で、特に農学に関する英語でのディベートによって英語力を鍛え上げた。

W・S・クラーク博士の間接的な影響からキリスト教に入信したが、内村にとってキリスト教は文明の精神そのものであり、英語は文明の言葉だった。しかし、キリスト教の聖地と信じたアメリカに留学して愕然とする。拝金主義や人種差別主義の横行に失望し、アマースト大学を卒業した翌年の一八八八年に帰国した。その後、第一高等中学校(現・東大教養学部)で教えたが、天皇の文書に最敬礼《さいけいれい》をしなかったと糾弾され、彼のキリスト教思想が天皇制国家理念に反するとして一八九一年に失職し(内村鑑三不敬事件)、直後に妻も喪《うしな》った。

内村は自身の外国語学習・教授の経験をふまえ、一八九九年に『外国語之研究』（図2-2）を発表した。これは外国語（主として英語）を学ぶ意義、英語の特性と学習法、西洋文化の特徴などを論じた名著で、すこぶる面白い。外国語の学習法に関しては、次の七項目を挙げている（要約）。

（1）忍耐なれ。研究の成果がいかに大きいかを思い、困難に直面しても失望してはいけない。

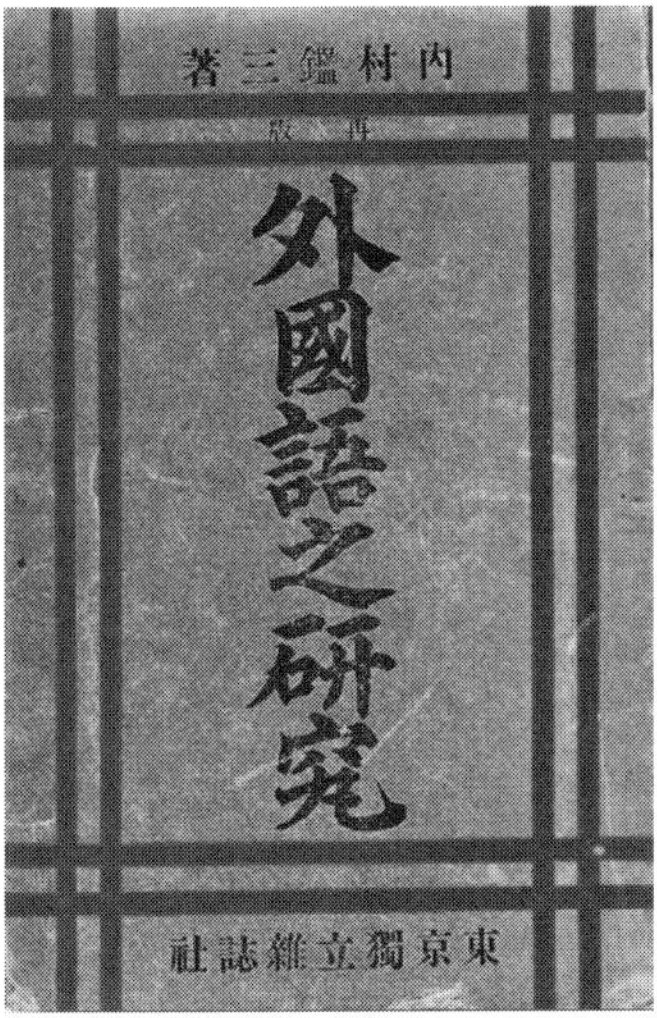

図2-2　内村鑑三『外国語之研究』（1899）

（2）通達を計れ。冠詞や前置詞など「一部の完全なる征平《せいへい》は全部の不完全なる征討《せいとう》にまさる」。語学の生かじりは無益にして有害である。

（3）発音を怠《おこた》るなかれ。発音は言語の最要部分の一つで、正確に発音できなければ真意を探れない。

（4）まず四、五百の単語を諳《そらん》ぜよ。

紙の表《おもて》に単語、裏に訳語を書き、毎日覚える。語源がわかれば語彙《ごい》が何倍にもなる。

（5）規則動詞の変活《へんかつ》を熟誦《じゅくしょう》せよ。動詞は言語の中心であり、「まず規則動詞の首をはねよ。不規則動詞は攻めずして降《くだ》らん」。

（6）毎日少なくも愛篇の一句を諳ぜよ。語的新知識が増えるとともに、外国語研究の希望がわき、困難に直面しても挫折しなくなる。

（7）すでに学び得しところを使用せよ。「言語は科学にあらずして習慣なれば、これを完全に解する法はこれを実習するにあり」。

（8）執拗《しつよう》なれ。言語は使わなければすぐ忘れるから、たえず使い続けなければならない。

内村は列強の帝国主義政策に対しても、自国政治家の腐敗や堕落についても容赦なく筆《ひっ》誅《ちゅう》を加えたが、本書にも痛快な暗誦用例文を載せている。

Marquis Ito is a very stupid man.（伊藤侯ははなはだつまらなき人なり）

Count Itagaki knows not what liberty is.（板垣伯は自由の何ものたるを知らず）

Fooleries of the Japanese politicians are truly remarkable.（日本政治家のばかばかしきことは実に非常なり）

ここで揶揄《やゆ》されている伊藤博文《いとうひろぶみ》は、明治期に四回も総理大臣になった大物政治家。よく発禁にならなかったものだ。板垣退助《いたがきたいすけ》は本書刊行の前年に自由党を解党させ、大隈重信《おおくましげのぶ》が率いる進歩党と合流して憲政党を結党した。もともと『外国語之研究』は内村が主筆を務めた『東京独立雑誌』に連載されたもので、彼はジャーナリストとして権力と厳しく対峙していたのである。

日本語の一人称は「おれ」「あたし」「我《わ》が輩《はい》」「朕《ちん》」など社会的地位によって異なるが、英語ではすべて平等に〝I〟ですむ。だから内村は「英語はその本原において非常に平民的にして非常に平等的なり。この語を学ぶがためにいかなる思想の変動をわが国に来たすや」と述べている。本書は単なる英語の学び方に関するハウツー本ではない。外国語を通して世界の文化といかに接するか、日本をどう平民的で平等な国にするかを説いた思想書でもある。

内村の『外国語之研究』を「型破りの面白い本」と絶賛し、「中学校から高等学校時代にかけて、氏の書いたものはほとんど全部熱読した」という高名な英語学者がいた。市河三喜である。

†市河三喜の壮絶な英語学習

市河三喜（一八八六〜一九七〇）は東京帝国大学英文科の主任教授になった人だけに、若き日の英語学習法は壮絶なものだった。本気で英語をモノにしたい人には、やる気とノウハウを大いに刺激してくれる。ただし、普通の人なら「ここまでやるか！」と唖然とするかもしれない。回想記「英語学習時代」（一九四七）から要点を紹介しよう。

市河は一八九六（明治二九）年の高等小学校一年生（現在の小五）のときに兄から英語を習い、東京府立第一中学校（現・都立日比谷高校）に入学するまでの二年間で第三リーダー（中三用）まで進んだ。中学校にはプラクティカル英語を教える発音の良い先生もいて、英語の歌などを聴かせてもらったりした。中学三年からは昆虫学、植物学、博物学などの原書を読み始め、一ページに四〇〜五〇も知らない単語がある英文を不完全な辞書を頼りにコツコツ精読した。明治前期の英学時代のような学び方をしたのである。

中学時代から複数の英語雑誌を「毎号ほとんど始めから終わりまで一語も余さず読むくらいの熱心さで」愛読し、雑誌『英文新誌』に連載された新渡戸稲造の論考は「再読三読暗記する位に読んだ」。若き市河は斎藤秀三郎に傾倒し、正則英語学校で斎藤の講義を聴講するとともに、斎藤の文法書を独習した。雑誌に連載された斎藤の前置詞に関する講義などは毎号ノートに写し取った。斎藤の影響もあってか、市河三喜の東京帝大での卒業論文は「For の歴史的発達について」（英文）だった。のちに市河は『英文法研究』（一九一二）を発表して科学文法の開拓者となり、斎藤英文法を超えたと評価されるようになる。

市河は最難関校である第一高等学校の入試では「英語はほとんど満点に近いものであったろうと思う」という。学生がここまで優秀だと、一高の教授たちは大変だったようだ。英語を担当した畔柳都太郎《くろやなぎくにたろう》は、難解な教科書を使ったがために毎時間必ずつまずき、それを指摘するのが市河の役目だったという。後年、畔柳は「あの時分は教室へ出るのが恐かった」と市河に告白している。

一高では英語とドイツ語が週九時間ずつあったが、語学ができる市河には余裕だったので、空いた時間にシェークスピアなどの英書を手当たり次第に読んだ。こうした体験から、彼は「語学は教室ばかりでは何の役にも立たぬ。教室語学にはあまりたよらないでドシドシ課外の学習をやるべしだ。それで始《はじ》めて力がつくのである」と述べている。正論だろうが、それができないのが凡人というものだ。

英会話は会話本や雑誌の会話の部分を暗記し、友人との散歩のときに英語で会話した。発音や抑揚《よくよう》はレコードで練習し研究した。英語母語話者に接するために教会のバイブル・

クラスに通った。夏休みには二ヵ月かけて分厚い英文聖書を読了した。市河はのちに『聖書の英語』(一九三七)を刊行している。

高校の二年と三年のときには英語暗誦の寒稽古《かんげいこ》を毎朝行った。小説の一章や英詩を前夜に暗記しておいて「翌朝五時半に起きて、グラウンドに出て霜を踏んで声高らかに暗誦した」。ご近所の人はさぞ迷惑だったろう。学友の阿部次郎や安倍能成《あべよししげ》らとドイツ語の読書会を作り、二週間に一冊ずつドイツ語の文庫本を読んだ。

一九〇六(明治三九)年に東京帝国大学の言語学科に入学してからは、イギリス人のジョン・ロレンスに師事し、古代英語や中世英語を厳しく仕込まれた。そのため、世界最大・最高の英語辞書である *New English Dictionary*(のちの *Oxford English Dictionary* 全一三巻+補巻)を引きまくった。その後、二度装丁し直したがボロボロになったという。

英語以外にも、フランス語、ドイツ語、ギリシャ語、ラテン語、イタリア語、ロシア語、スペイン語、オランダ語、梵語《ぼんご》(サンスクリット語)、朝鮮語、アイヌ語を勉強した。大学院進学後には古代ヨーロッパのゴート語やアイスランド語のテキストも読んだという。

「東大教授になる人は違うな」と言ってしまえばそれまでだが、市河の手記は語学をきわめた人ならではの優れた学習法に満ちている。要は、ひたすら努力と練習である。それが持続するためには、明確な学習動機が必要だ。市河が中学生時代から原書に挑めたのは、昆虫学や植物学などの好きな分野だったから。好きな対象に迫りたいという強い目的意識があるから、外国語を学ぶ意欲が湧いてくるのである。

現在でも韓流ポップスにハマった東京生まれの生徒が、公立高校で韓国語を唯一専門的に学べる長崎県立対馬《つしま》高校に入学し、韓国語をメキメキ上達させている事例がある。好きなものに何としても迫りたい。一歩まちがえばストーカーだが、本気で外国語をモノにしたいのであれば、恋い焦がれるような熱情が必要である。

†英語を学べばバカになる?

では、市河三喜のように卓越した語学力を獲得すれば、世界を公平な目で深く洞察できるようになるのだろうか。現実はそう甘くないようだ。第1章で見たように、市河は朝鮮の人たちに対して「惰眠惰食豚の如き生涯」と蔑視の言葉を綴っていた。岡倉由三郎も朝鮮人に「破廉恥《はれんち》」「無気力」といった言葉を投げつけている。

東京帝大英文科の学生だった佐々木達《ささきたつ》(東京外大教授)は、「もし私たちに不満があったとするならば、それは先生方(市河三喜・斎藤勇ら)に『思想』というものが不在であったということでしょう」と述べている(「私の語学遍歴」)。同じ英文科の学生だった石堂清倫《いしどうきよとも》(翻訳家)も、主任教授の市河について「博学の士ではあるが、思想上はおそろしく保守派であった」と評している（『わが異端の昭和史』）。

英語力の錬磨と思想形成とは別ものだ。英語の習得にはたいへんなエネルギーを要する。そのため、社会認識や思想形成に時間を割く割合が少なくなり、「グローバル人材」論などに無批判に追随するなど、『英語を学べばバカになる』（薬師院仁志《やくしいんひとし》）との指摘もある。

それならば、社会認識や思想形成に役立つような英語を読めばよいではないかとの答えが返ってきそうだ。実は私も素朴にそう考え、大学受験のときにマルクス『資本論』の英語版を買って読み始めた。受験勉強と思想形成が同時にできて一挙両得だと、自分の名案に一人で感激していた。

ところが結果は、一挙両得どころか、共倒れ。内容も英語も難解すぎて歯が立たなかったのだ。二兎を追う者は一兎をも得ず（If you run after two hares, you will catch neither.）やはり受験勉強は英文法や英文解釈の参考書を使った方が能率がよい。そこには先人たちの知恵と工夫がギッシリ詰まっているのだから。

3　受験英語と英文解釈法

†学習英文法と英文解釈法のすごさ

明治の知識人たちは、西洋文明を移入するために「原書」を読めることに最大の力点を置いた。また入試や資格試験の英語でも読解力の比重が高かった。こうして、読解に必要な学習法が洗練されていった。それが学習英文法と英文解釈法である。

日本人にとって英語は文字も発音も文法も極端に異なる難解な外国語であり、日常生活ではほとんど使わない「学習言語」だ。こうした特異な条件のもとで英語を学ぶには、英文法の学習が欠かせない。そのため明治の先人たちは、英米の文法書に改良を加え、日本人学習者に適した英文法体系と、その教授・学習法を開発してきた（斎藤二〇二二）。それが日本で独自の進化をとげた「学習英文法」である。学習英文法がどれほどありがたいかは、第1章で紹介したように、単語ごとに直訳を与え、前後左右しながら意味を探っていくという明治前期の訳読法の苦労を追体験すればよくわかる。

学習英文法は斎藤秀三郎の *Practical English Grammar*（『実用英文典』一八九八〜九九）によって大成された。だが同書は英文で書かれた全四巻の大著だったため、弟子の山崎貞が『実用英文典』に準拠しつつ平易にまとめた『自修英文典』（一九一三）によって学習英文法は普及した。

図 2-3　南日恒太郎『英文解釈法』(1905)

学習英文法を英文の読解に応用したのが「英文解釈法」だが、近年のコミュニケーション重視策のもとではいまひとつ評判がよくない。その一方で、「日本の英語研究において最大の業績である」（外《と》山《やま》滋《しげ》比《ひ》古《こ》）との評価もある。議論はあろうが、日本人の英文読解力を大きく向上させた功績は間違いなかろう。明治期から戦後の一九七〇年代まで、英語入試問題の中心は英文解釈、とりわけ英文和訳だった。そのため、優れた参考書が数多く出版された。

英文解釈法を確立したのは南日恒太郎《なんにちつねたろう》（一八七一〜一九二八）の『難問分類　英文詳解』（一九〇三）で、教科書や入試問題の難解な英文が七つの文法項目別に体系的に分類された。二年後には改訂版の『英文解釈法』（一九〇五、図2-3）が出されたが、ちょうどこの頃に旧制高校・高専の入試で「英文和訳」が「英文解釈」に変更されたこともあり、英文解釈の名称が一気に全国区になった。

一九一一（明治四四）年の『中学世界』第一四巻第一三号に載った「一高入学最高得点者の受験談」によれば、受験に使った参考書は「英語は、南日さんの英文和訳解釈法、和文英訳解釈法及び難句集」だった。面白いことに、この生徒は「難句集について、世間には非常に攻撃する者もありますが、しかしそれは無理でしょう」と述べている。当時の中学校は三月卒業、高校入試は七月だったから「準備の期間がたった三ヶ月の短い間ですもの（中略）準備もやはり断片的にならざるを得ない」という理由からだ。

大正期に入ると、構文や熟語などの「公式」によって体系化を一段と高めた山崎貞の『公式応用　英文解釈研究』（一九一二）が大ベストセラーとなり、改訂版の『新々英文解釈研究』（ヤマテイの新々）は一九八〇年代まで人気を博した。その後も懇切丁寧な小野圭次郎（オノケイ）の『最新研究　英文の解釈』（一九二一）など、おびただしい数の英文解釈参考書が刊行された。

著名な英語学者だった太田朗《おおたあきら》（一九一七〜二〇一五）は、一九三五年に卒業した神奈川県立横須賀中学校での英文解釈の学習体験を回想している（『私の遍歴』）。英語の授業はだいたいが文法・訳読式で、四年生くらいから「受験英語」の勉強を始めた。「これは四、五行くらいの難しい英文をパズルを解くようにして和訳したり、かなり難しい短い和文を英訳したりするものであった」。参考書は山崎貞『新々英文解釈研究』、南日恒太郎『英文解

1933年版	1948年版	1954年版	1962年版	1971年版
F. リー 9	C. エバレット 11	L. ハーン 12	B. ラッセル 15	B. ラッセル 14
S. スマイルズ 9	L. ハーン 11	C. エバレット 10	S. モーム 12	A. ハックスレー 9
J. ラボック 8	S. スマイルズ 9	S. スマイルズ 9	A. ハックスレー 10	S. モーム 9
G. ギッシング 8	J. ラボック 8	R. リンド 9	R. リンド 8	R. リンド 7
L. ハーン 7	R. リンド 8	J. ラボック 7	L. ハーン 5	E. ヘミングウェイ 6
C. エバレット 6	A. ガーディナー 7	J. ブライス 6	A. ガーディナー 5	E. フォースター 5
R. スティーブンソン 5	J. ブライス 6	R. スティーブンソン 6	J. プリーストリー 4	L. ハーン 4
N. ホーソン 4	F. リー 6	G. ギッシング 6	E. ヘミングウェイ 4	G. オーウェル 3
D. ジョーンズ 4	R. スティーブンソン 6	S. モーム 6	S. スペンダー 4	J. スタインベック 3
A. ミルン 4	J. ラスキン 5	S. ジョンソン他 5	G. ギッシング他 3	G. ギッシング他 3

表2-1　入試に出題された作家ベスト10の変遷
（原仙作『英文標準問題精講』〔旺文社〕の各版より作成。拙著『受験英語と日本人』〔2011〕の表を改訂増補。）

釈法』、青木常雄『和文英訳の工夫』などを使った。「当時の受験英語の勉強は暗号解読のようなものであった」という。入試では日常普通の英語力を問うというよりも、「暗号解読」のような知性を問う面が強かった。それが高等教育には必要だと考えられていたからだった。

今日、訳読が「訳毒」であるかのように害悪視する人がいるが、そうではない。四〇年近く学生の答案を採点してきた私の経験から言えば、難解な英語を正しく訳読できる力を見る英文和訳は、その人の英語力と同時に日本語力を把握し、知的水準を知る上で欠かせないものだといえよう。

†定番の英文解釈問題

入試で出題された英文を見れば、大学側が受験生に求めた英語力の標準がわかる。では、どんな問題が出されていたのだろうか。出典を明記した原仙作《はらせんさく》の『英文標準問題精講』の各版を材料に、出題数が上位一〇位までの作家を五つの版で比較してみよう（表2－1）。なお、一九七四（昭和四九）年の原の死後、中原道喜《なかはらみちよし》が補訂した一九八二年版・九一年版は七一年版とほぼ同じため割愛した。

これを見ると、一九五四年版と一九六二年版との間に大きな転換があることがわかる。一九五四年版までは明治から昭和戦前期に読まれていた作家がズラリと並んでいる。たとえば、サミュエル・スマイルズは*Self Help*（『自助論』）が有名で、一八七一（明治四）年に中村正直《なかむらまさなお》の翻訳書『西国立志編《さいごくりっしへん》』が大ベストセラーになって以来、教科書や入試の定番となった。ジョン・ラボックの*Use of Life*も明治末期から大正期の入試では頻出だった。チャールズ・エバレットは道徳的な*Ethics for Young People*が副読本としてよく読まれ、一九三〇年代以降の入試に頻出だった。

一九六二年版以降は戦後の入試傾向が反映している。英国の哲学者バートランド・ラッセルは、一九五五年に物理学者のアインシュタインと核廃絶を訴えた「ラッセル＝アインシュタイン宣言」を発表するなど、戦後の平和と民主主義の時代を代表した。日本では戦前はイギリス英語、戦後はアメリカ英語が主流となったが、入試問題でも英国人作家サマセット・モームやオルダス・ハックスレーなどに加え、戦後はヘミングウェイやスタインベックなどのアメリカ人作家が人気を博するようになった。一九七〇年代頃までは、大学側が文学的で質の高い英文の読解力を求めていたことがわかる。

†入試によく出た作家

一九三三年版〜一九七一年版の五期全体を作家ごとに累計すると次のようになる。受験突破をめざした日本の若者たちに最も影響を与えた作家たちだが、現在ではほとんど読まれない作家も少なくない。

一位　ラフカディオ・ハーン……………三九
二位　ロバート・リンド…………………三二
三位　バートランド・ラッセル…………二九
四位　サマセット・モーム………………二七
四位　サミュエル・スマイルズ…………二七
四位　チャールズ・エバレット…………二七
七位　ジョン・ラボック…………………二三
八位　ジョージ・ギッシング……………二〇
九位　オルダス・ハックスレー…………一九
一〇位　ロバート・スティーブンソン……一七

栄光の第一位は、ラフカディオ・ハーン（小泉八雲《こいずみやくも》、一八五〇〜一九〇四）。一九三〇年代から七〇年代まで、五つの版すべてでベスト一〇にランクインしている。ハーンの作品は英語教科書の定番でもあった。すでに明治期には田部隆次《たなべりゅうじ》編の副読本 *Selections from Lafcadio Hearn* と *New Selections from Lafcadio Hearn* が出され、それぞれ一九〇九年と一一年に文部省の検定認可を受けている。戦後の中学校用教科書には *Mujina*（むじな）が何度も出没した。入試では *Life and Literature*（人生と文学）などがよく出題された。

ハーンはなぜこれほど人気があったのだろうか。生徒の声を聞いてみよう。のちに東大教授で憲法学の権威となる宮澤俊義《みやざわとしよし》（一八九九〜一九七六）は、東京府立第四中学校（現・都立戸山高校）で岩崎民平《いわさきたみへい》（戦後、東京外大学長）から英語を習った。ある日、岩崎はハーンの作品を朗読してくれた。その時の感銘を宮澤は「英語を習った頃のことども」（一九五〇）で回想している。

「先生の明晰な発音で表現されたハーンの文章が、いかにも平明なのにおどろいた。こんなにもやさしい言葉を使って、こんなにも美しい文章が書けるものか、とつくづく感嘆した」。ハーンの作品は比較的読みやすく、文章も見事で、日本の美しさや不思議さを描いたことも人気の秘密だったようだ。

しかし、一九七〇年代から日本企業の海外進出が加速すると、「使える英語」「コミュニケーション英語」が叫ばれるようになる。文学作品はどんどん減少し、二一世紀に入ると絶滅危惧種となった（第4章参照）。それは国語教育にも及び、二〇二二年度から実施された高校の学習指導要領により、高校国語教科書から文学教材が大幅にカットされてしまった。

もはや文学は不要だと言うのだろうか。英語は単に情報を伝え合うだけのツールであり、人間の内面を深く掘り下げたり、生き方を考えさせる必要はないのだろうか。もしそうなら、英語の学習・研究があまりにも味気ないばかりか、やがて人工知能（ＡＩ）による自動翻訳機にとって代わられる運命を呼び寄せてしまうように思えるのだが。

†語彙を増やすには

これまで、日本人の偉大な発明ともいえる学習英文法および英文解釈法について歴史的に見てきた。しかし、一つ大事なことを忘れている。先ほど紹介した英語名人たちの学習法では「あたりまえ」すぎて述べられていないが、外国語学習のキホンは語彙（英単語）を覚え、増やすことである。この点に関しても、先人たちは工夫と努力を重ねてきた。

①英単語は絵単語で

鳥獣戯画《ちょうじゅうぎが》の昔から日本人は漫画が好きで、英単語を覚えるにも絵画を効果的に使った。図2－4は一八七一（明治四）年頃に刊行された『童解《どうかい》英語図会《ずえ》』から。お年頃の「息子＝Son」が家の「外＝Outside」から「内＝Inside」を「睇《のぞく》＝Look」と、コンコンと「敲門《とをたたく》＝Knock」。「木＝Wood」の向こうの「房《へや》＝Room」では美女が待っているから、続きが気になる。読むものの想像力をかき立てるストーリー仕立てで、楽しみながら英単語を覚えられる。

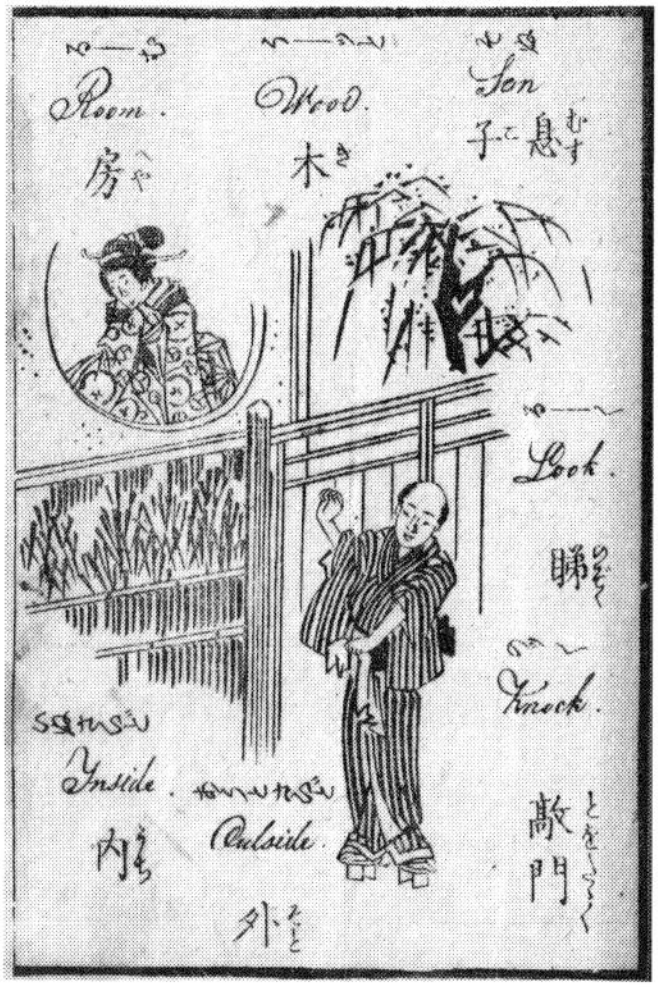

図2-4　『童解英語図会』（1871頃）

②ダジャレ・語呂合わせで記憶

難行苦行では学びは長続きしない。少しでも楽しくと、ダジャレ、語呂合わせ、連想などのあの手この手で英単語を覚えた。私は武藤駿雄《たけお》『英単語連想記憶術』（一九七二年から第三集まで発行、図2－5）を愛用した。abandonは「あ、晩だと勉強捨てる」で覚えてもいいが、「勉強捨

government [gʌvənmənt]
カバン，マントで核かくす政府
政府

図 2-5　武藤騏雄『英単語連想記憶術 第 2 集』(1974 改訂版)

てる」と人生捨てるぞ、とツッコミたくなる。

一方、government「カバン、マントで核かくす政府」という風刺には共感した。この本の第一集が出た一九七二年は沖縄返還の年で、日米政府間では核兵器配備の密約が交わされていた。

二一世紀に入っても藤井秀男『ダジャ単――英単語記憶術の極意』(二〇〇四)などが出ているが、実は連想や語呂合わせによる記憶法の歴史は古い。明治二〇年代には、「暗記できぬほど増えた記憶術」(『団団珍聞《まるまるちんぶん》』一八九六)という川柳が作られたほど記憶術ブームに沸いていた。

代表格は、弁護士で初期記憶法の大家である和《わ》田《だ》守菊次《もりきくじ》郎《ろう》の『和田守記憶法』(一八九五)。体系的な学術書で、巻頭には一万円札を飾る渋沢栄一《しぶさわえいいち》の推薦文が載っていることからも期待の大きさがわかる。

だが、たとえば数字のone, two, three, four, fiveを「椀《わん》、通《つう》、掏摸《すり》、布織《ふお》ル、婦愛部《ふあいぶ》」と覚え、sixは「疾苦《しつく》ス」と苦しまぎれ。水のwater（ウォーター）は「魚多《うおた》」で「水あるところに魚多し」と覚える。こんな不自然な語呂合わせを覚える方がかえって難しいと、英学者の高橋五郎が『最新英語教習法』（一九〇三）で怒っている。

それでも人々は単語を覚える苦痛から逃れたいのか、語呂合わせ記憶法を買い求めた。吉村松蔵《よしむらまつぞう》『最新実験記憶術』（一九一四）を見ると、「Cherry＝桜：奇麗でもとかく桜はチェリー易《やす》い（散り易い）」は笑えるが、「Woman＝女：女にて子をウーマン（生まぬ）」とは反対じゃ」は問題発言だ。「Wife＝妻：品行の悪い女房は猥婦なり」と覚えたら、妻を紹介するときThis is my wife（猥婦）. と言えずに困ってしまう。

驚いたことに、明治の「和田守記憶法」は戦後に奇跡の復活を遂げた。息子の和田守謙二《わだもりけんじ》が後を継ぎ、七八四ページもある『和田守記憶法英和辞典』（一九五七、私家版）を謄写版印刷で刊行、改訂版（一九六〇）には約一万三〇〇〇語を収録している。たとえばSociety（ササイアティ）は「ササエア（ッ）テイ（ル）社会」という感じで、かなり苦しい。親子二代のご苦労には敬服するが、はたして実用的だったかどうか。

③語源と頻度で単語学習を合理化

英語史の研究が進むと、語源や接頭辞《せっとうじ》・接尾辞《せつびじ》による科学的・系統的な語彙増強法が普及した。鳥海岩松《とりうみいわまつ》『英語記憶術』（一九一一）では語源的分解記憶法を中心に、連想的記憶法、規則的記憶法、反復的記憶法まで添えられている。

大正期に入ると、広島県立広島中学校（現・県立国泰寺高校）の英語教師たちが語彙研究の画期的な成果を発表した。『英語之基礎』（一九一五）と『語原本位英和辞典――単語記憶の鍵』（一九一六）だ。前者は中学用の教科書を素材に、英語教育目的で語彙選定と分類を行った世界初の試みだろう。語源による体系的な習得方法が示された意義は大きい。後者はその辞書版で、単語ごとの豊富な語源説明に加え、巻末には語根《ごこん》と接尾辞による分類一覧が付けられている。中学校の先生たちが自前の勉強会を開き、これほど立派な仕事をしていた事実は記憶されるべきだろう。現在の過酷な労働環境では、教師が創意工夫を発揮する余地は乏しい。これではいけない。

戦後における語源中心の単語集といえば、小川芳男《おがわよしお》編『ハンディ語源英和辞典』（一九六一）や岩田《いわた》一男《かずお》『英単語記憶術――語源による必須6000語の征服』（一九六七）が代表格。しかし、売上げから言えば、累計一五〇〇万部が売れた森一郎『試験にでる英単語』（一九六七）が圧勝だ。単語を入試に出る順に配列し、簡単な語源解説によって記憶を助け、未知語を類推する力をつけようとしている。

　使用頻度調査に基づく統計的・科学的な語彙選定も進んだ。一九三〇年代に竹原常太《たけはらつねた》は米国人ソーンダイクの使用頻度統計を日本の英語教材に初めて応用した。使用頻度は日常語中心だが、これに入試出題語データを加えた赤尾好夫《あかおよしお》の『受験英語単語の綜合的研究』（一九三四）や、翌年発行の小型本『英語基本単語集』（通称「豆単」）が大ベストセラーになった。後者は一九四二年に熟語を加えて『英語基本単語熟語集』となり、一九七一年版からはコンピュータによる入試出題頻度も加えて、今なお書店に並んでいる。

図 2-6　研究社『学年別英語カード』(1909)

④カルタ、カード式、そして美少女と

　小学生にはゲーム感覚で、という教材も明治期からあった。一九〇六（明治三九）年には『英語練習カルタ　高等小学校第一二年生用』が出ている。戦前には、小箱の下からカードを入れ、上から引き抜く『各国単語暗誦器』も発明され、特許を取っている。単語の暗記には繰り返しが大事なので、単語カードをポケットに入れて覚えるとよい。そんな発想で商品化されたのが研究社の『学年別英語カード』(一九〇九、図2-6)で、表には英単語と例文、裏には和訳が書かれたカードが何百枚も箱に入っている。欠点は順番がバラバラになり、紛失しやすいこと。私が中学生の頃は自分で書いたカードをリングで束ね、めくりながら覚えた。

それでも、単語を覚えるのは苦行。誰かに助けてもらいたい。ということで二一世紀に入って出たのが『萌える英単語 もえたん』(二〇〇三)。セクシーな美少女がダメ少年を叱咤激励しながら、単語学習をサポートしてくれる構成だ。私も思わず買ってしまった。

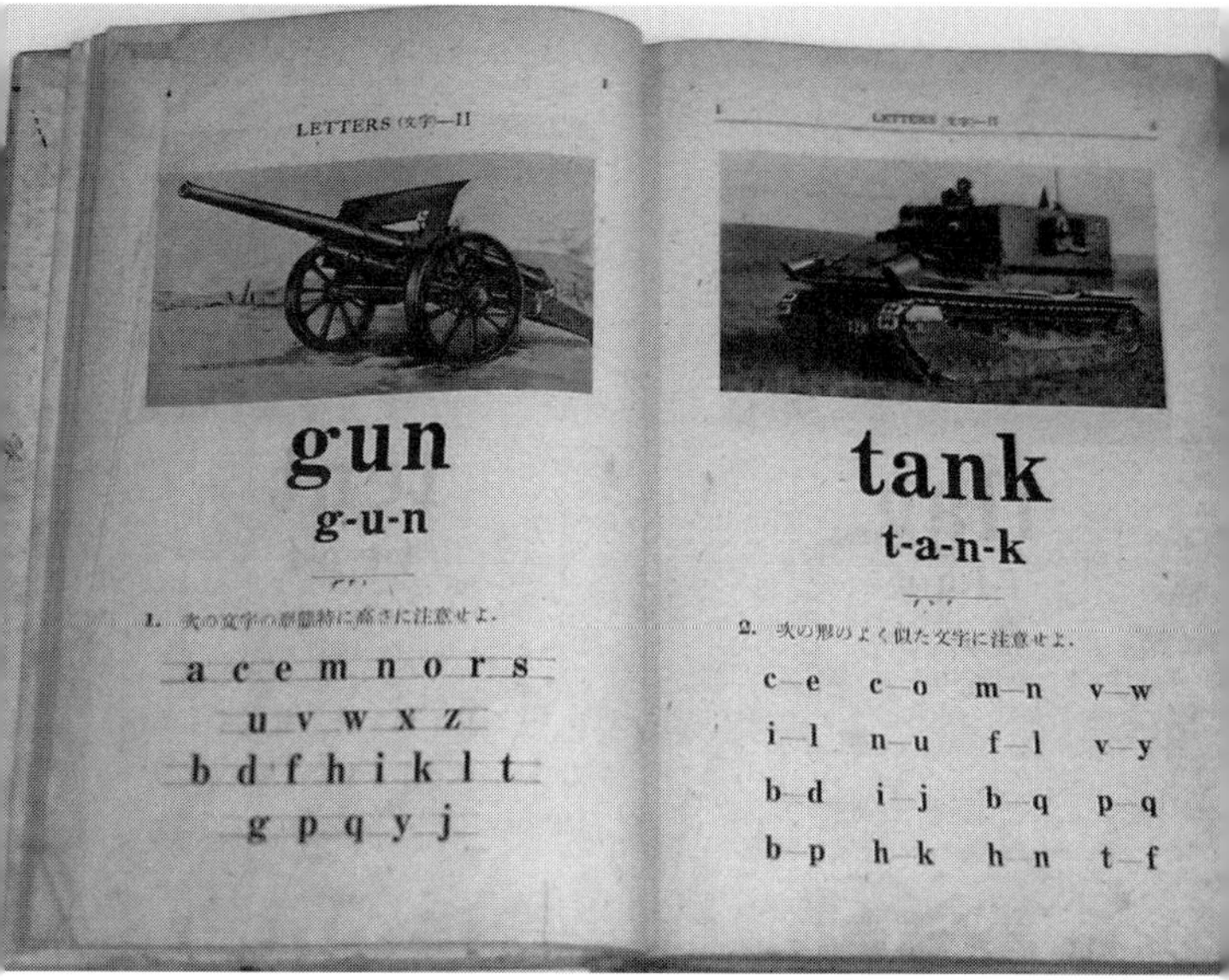

第３章

英語廃止論と戦争の逆風にめげず

飯島東太郎*New Japan Readers* 1(1939)

1　英語なんかいらない⁉

†欧化から国粋へ

「文明開化」の国策に不可欠だった英語。しかし、明治国家の体制が整ってくる明治中期になると、これまでのように英語に重きを置く必要なんかない、もっと日本語と日本文化を大切にしようという「国粋《こくすい》」的な意見が芽ばえ始めた。

日本は幕末の開港によって、西洋列強が君臨する世界市場に投げ込まれた。待ち受けていたのは、経済力や軍事力で覇権（ヘゲモニー）を握るイギリスなどの西洋列強から「半文明国」として見下され、不平等条約を押し付けられるという厳しい現実だった。日本は英語によって西洋の先進的な学術文化を移植することで、がむしゃらに文明開化（欧化）を進める道を選択した。だから明治初期には英語の必要性を疑問視する人はまずいなかった。

ただし自由民権運動の高揚を恐れる井上毅《いのうえこわし》などの保守的な政治家は、明治一〇年代後半、民権論的な思想に影響を与える英学に歯止めをかけ、国権論と結びついたドイツ学を振興しようとした。明治政府はドイツ（プロイセン）の影響の強い明治憲法を一八八九（明治二二）年に制定した。その前後に、内閣制度の樹立（一八八五）、学校制度の整備（一八八六）、帝国議会開設（一八九〇）などを通じて近代的な国民国家の骨格を形成していった。

こうして天皇中心の国民国家の形が徐々に整ってくると、これまでの欧化を問い直す時期に入り、「国粋」の思想が頭をもたげてきた。それはまるで、技量で圧倒的に勝るトレーニングコーチに服従しながらも、「いつか見返してやる」と自我に目覚めた少年のようだった。日本の近代史は「欧化」と「国粋」の間で揺れ動くようになったのだ。「国粋」とはnationalityの訳語で、明治中期の国民国家の形成期には健全な側面が強かった。一九三〇年代以降の排外的な超国家主義（ウルトラ・ナショナリズム）とは区別する必要がある。

一八八八年には三宅雪嶺《みやけせつれい》・志賀重昂《しがしげたか》らが『国粋保存主義』を掲げる『日本人』を創刊する。西洋中心の「文明」に対して、日本独自の「文化」を対峙させたのである。一八九〇年には天皇制国家主義教育の綱領である「教育勅語」が発布された。

明治の英語教育廃止論

英語は欧化の象徴だった。そのため、国粋が強まる時期には攻撃の矢面《やおもて》に立たされた。

第1章で述べたように、小学校の英語教育に対する廃止論が最初のピークを迎えたのは一八九〇（明治二三）年頃だった。同年七月には、中学校も含む「普通教育の範囲内より諸外国語を放逐《ほうちく》せんことを主張する」『教育報知』の社説「外国語放逐論」が掲載された。これまでの定説では、中等学校の外国語（英語）廃止論は一九一六年の大岡育造《おおおかいくぞう》からとされてきたが、実際には明治中期の一八九〇年に登場していたのである。「外国語放逐論」の主な主張は次の四点。

①英語は多大な労苦の割には実用水準に達しないので、やめるべきだ。
②外国語に時間を取られすぎるため、他の重要な学科の学習を妨げる。
③中学修了後に大学まで進む者は一割足らずなのに、残り九割を英語で苦しめるのは不合理だ。
④英語を教えると「英国的感覚と英国的思想とを与え、知らず識らずの際に、英吉利《イギリス》色国民を養成」してしまうが、これは「国家教育の主義に背馳《はいち》せるもの」だ。

当時の尋常中学校は五年制（学齢一二〜一六歳）の男子校で、第一外国語（原則として英語）の週あたりの時間数は一年生から順に六―六―七―五―五時間、加えて第二外国語（ドイツ語かフランス語）が〇―〇―〇―四―三時間あった。カリキュラムの約四分の一を外国語が占めていたのである。予習・復習も含めると外国語学習の負担はたいへん重かったにもかかわらず、実用水準に達することは困難だった。また、英語はもっぱら一握りの上級学校進学者に必要とされるものだった。こうした事情から、壮大な無駄ともいえる外国語教育を縮廃し、他教科にまわすべきだとの意見が出されたのである。

最後の④はナショナリズム（国粋）の観点から特に注目される。それまで世界一の文明国として仰ぎ見ていたイギリスと距離を置き、英語教育を通じて流入してくるリベラルな「英国的感覚と英国的思想」（自由主義、民主主義、個人主義など）に強い警戒感を抱いたのだ。

大日本帝国憲法が示すように、明治政府は国家の権限が強力な立憲君主制のドイツ帝国をモデルとした国家建設を進めた。一八八三（明治一六）年に、政府は「東京大学において英語による授業を廃し、邦語を用いること」とし、同時に「ドイツ学術を採用する」ことを決定した。これも国策による一種の英語廃止論である。言語はそれを育《はぐく》んだ民族の社会や文化を反映するから、どの外国語を学校教育で教えるかという選択には政治的・イデオロギー的な意味が込められているのである。

それでも明治期の英語科廃止論は小学校が主戦場で、中等学校については散発的に出される程度だった。その理由は、西洋列強に追いつくにはまだ英語が重要だとの認識が一般的だったことに加え、英語は中等教育を享受できるエリートだけに許された特権の象徴だったからだ。

だが日本が国力を増して欧米との格差が縮まり、中等教育が普及して特権的な地位が低下する一九一〇年代以降になると、中等学校での英語科廃止論が勢いを増すようになる。

†「世界五大国」にのし上がった日本

「文明国」と思われていた西洋諸国の幻想を一気に引き剝がす事件が起こった。第一次世界大戦（一九一四～一八）である。人類初の世界戦争は、兵士の戦死者が約九〇〇万人、非戦闘員の死者が約一〇〇〇万人、負傷者は約二二〇〇万人と推定される悲惨な総力戦だった。

この戦争によって社会変革を求める声が高まり、ヨーロッパの帝政がバタバタと倒され、ロシアでは史上初の社会主義政権が誕生し、植民地の独立運動も高揚した。戦争の反省の上に、国際協調や軍縮が叫ばれ、「国際教育」（国際理解教育）が進められた。

日本は一九一一（明治四四）年に関税の自主権を回復し、不平等条約の撤廃に成功していた。直後に起こった第一次世界大戦の特需（大正バブル）によって経済力を飛躍させ、一九一四年から二〇年の間に輸出入額は約四倍に急増し、約一一億円の債務国から約二八億円の債権国に転じた。日本は「世界五大国」の一員として国際連盟の常任理事国となり、事務局次長に新渡戸稲造が就任した。

子どもの身長が一気に伸びる思春期に入ると、大きかったはずの大人が急に小さく見える。この頃の日本がそうだった。幕末の開港以来、「文明国」として仰ぎ見ていたヨーロッパ諸国が、野蛮きわまりない殺戮《さつりく》によって荒廃し、醜い姿をさらしていた。西洋文明のリアルな姿を見てしまったのだ。

†英語教育をやめてしまえ!

「文明の言語」だと思われた英語に対しても、冷ややかな目が注がれるようになった。それが「英語教育をやめてしまえ!」という中等英語科廃止論へとエスカレートした。

その口火を切った一人が、札幌農学校(現・北海道大学)水産学科教授の遠藤吉三郎《えんどうきちさぶろう》(一八七四〜一九二一)だ。彼はヨーロッパ留学中に西洋の「文明なるもの の腐敗状態などを眼前に見」たことで、帰国直後の一九一四(大正三)年に『欧州文明の没落』を刊行した。

遠藤は「今日のヨーロッパは、すべての組織において、戦国時代そのままである」と報告している。イギリス人の態度についても、「英語は世界語であるとか商業語であるとか自慢して、日本に居ること二十年になっても、応対一つ出来ないで、すべてを商館番頭に任す」と傲慢さを批判し、「日本はまず己《おのれ》の国をば、イギリス植民地の体裁から脱すべしではないか」と主張した。

西洋列強に対する遠藤の舌鋒《ぜっぽう》はさらに激しさを増す。一九一六年九月に出版した『西洋中毒』では、「中等教育の英語科の能率」と題した論文（初出は『大日本』一九一五年五月号）で、中学校や高等女学校の英語科は多大な時間と労力をかける割には効果が少ないので廃止すべきだと主張した。彼はまた、英語重視の原因は「英国崇拝の弊《へい》にある」が、いまや明治期とは違って西洋の学術技芸を模倣する時代ではなく、知識増進のためには「翻訳機関の設置」で十分だと主張した。

このように、遠藤の英語科廃止論は、その後に発表された大岡育造（一九一六）や藤村作《つくる》（一九二七）などの主張の多くを先駆的に盛り込んでいた。日本における英語教育縮廃論の特徴は、同じような意見が明治・大正・昭和と何度も蒸し返されたことである。一般に日本人の論争は、丸山眞男《まるやままさお》が『日本の思想』（一九六一）で喝破《かっぱ》したように、「ずっと後になって、何かのきっかけで実質的に同じテーマについて論争が始まると、前の論争の到達点から出発しないで、すべてはそのたびごとにイロハから始まる」のである。この点は令和のいまも変わらない。

一八九〇（明治二三）年の「外国語放逐論」から一九七四（昭和四九）年の「平泉試案」までの八五年間に、英語教育縮廃論を主張した主な論客は一二人で、論点は一三に整理できる。このうち、五人以上が挙げた論拠は次の七点である（江利川二〇二二c）。

一位　英語は習得困難で労苦の割には実用水準に達しないので無駄だ……一一人（九二％）
二位　英語の必修化をやめ、進学者などへの随意科にすべき……八人（六七％）
三位　欧米崇拝を招き、国家的観念を弱める……六人（五〇％）
三位　英語以外の外国語を教授すべき……六人（五〇％）
三位　西洋の学術文化を模倣する時代ではなく、学問的に独立すべき……六人（五〇％）
六位　外国語を縮廃すれば他教科を充実できる……五人（四二％）
六位　中学は一般国民的知識を修養する場ゆえ英語必修の必要はない……五人（四二％）

一位の「英語は習得困難で労苦の割には実用水準に達しないので無駄だ」という意見は一二人中一一人を占めている。英語教育はエリート教育であり、旧制中学校では学力の優れた生徒に週六〜七時間も英語を課したが、それでも習得困難であり、実用の域に達しなかった。いわんや、誰もが英語を学べるようになった戦後においては一段と困難になった。明治から今日まで、いったいどれほどの日本人が英語習得に挫折したことだろうか。それが明治・大正・昭和と続く英語科廃止論の底流にあった。

二位の「英語の必修化をやめ、進学者などへの随意科にすべき」は八人（六七％）が主張している。藤村作の「英語科廃止の急務」（『現代』一九二七年五月号）の直後に、同誌一九二七年九月号と一〇月号は「英語科問題に対する全国中等学校長の意見」として一一四人分のアンケート回答を掲載している。それによれば、中等学校の英語科の一部ないし全部を随意科（選択科目）に変更すべきだとの意見が七六人（六七％）を占めた。また、英語の時間を「削減すべき」との回答が七二人（六三％）、「全廃すべき」が七人（六％）だった。すでに昭和の初期には学校経営者の間でも英語の過重負担に対する批判が強かったことがわかる。

軍国主義の強まりと呼応するかのように、英語縮廃論はさらに続く。一九三四年三月の帝国議会で貴族院議員の三《み》上《かみ》参次《さんじ》は、中学・高校での進路に応じた英語時数の軽重、国民に必要な学科の時間増、修業年限の短縮、翻訳機関の設置などを主張した。

翌一九三五年三月には、影響力の強い教育団体である帝都教育会が、中等学校（特に中学校）四年以上の外国語は廃止ないし随意科とし、生徒の負担軽減のための教授法改革を行えとの意見書を発表した。同年三月二〇日の『大阪時事新聞』は「「英語科」に憂き目／廃止か・選択科目へ！／全国男女中等校の新気運／失業線に立つ教師」というセンセーショナルな見出しで、この問題を報じた。記事は「教育の実際化、無駄な学科目の整理が国粋主義の教育と相まって英語科の整理に進み、全国男女中等学校英語教師三千名の失職がもはや時日《じじつ》の問題となってきた」と書いている。

こうした危機感から、東京府中等学校英語教員会は同年七月一三日に臨時大会を開催し、教員約三〇〇名が「英語教員の生活を脅威する短縮案絶対反対」を決議し、代表者が文部当局、貴族院と衆議院に届けた（『英語青年』一九三五年八月一五日号）。だが、英語教育関係者の受難は敗戦まで続く。

今日では英語を教え学ぶことが当たり前となっている。だが歴史的に見れば、英語関係者たちが絶えず発言し、行動し、廃止論者とのバトルを展開して英語教育の地歩を築いてきたのである。現在の英語教師たちに、これほどの行動力があるだろうか。

2　コミュニケーション英語は必要か

†「実用英語」を求める経済界

「学校ではもっと役に立つ英語を教えてほしい」。いら立ちにも似た声が明治後半に叫ばれるようになった。日清戦争（一八九四〜九五）と日露戦争（一九〇四〜〇五）の勝利を経て日本が資本主義の歩みを速め、外国との貿易が拡大すると、それに必要な「実用的な英語力」を求める声が経済界から出されるようになったのだ。

たとえば、『実業之日本』一九〇五（明治三八）年七月一日号の「商家実務としての英語活用法」で、著者の蘆川生は「実務としての英語、商戦の武器としての英語は、必ずしも高尚なる文学的研究というにあらず、実用にもっとも関係ある通俗的普通的英語」だと主張している。西洋文化の精華である文学ではなく「商戦の武器としての英語」を教えよと要求したのである。

ビジネスには英会話が欠かせない。ところが、学校の英語教育は文法や訳読ばかり教えているから会話力が身につかないのだとする英文法偏重批判も起こった。牛中山人は「文法倒れ」（『東洋経済新報』一九〇七年八月二五日号）で、「日本も一等国の列に入り」世界的な活動を行うようになったのだから「外国語を巧みに操る必要がある」。にもかかわらず、英語の「実際的伎倆《ぎりよう》に至りては実に欠乏した者である」。その原因は「文法倒れ」にある。「これ〔文法〕のみに重きをおいて実地の練習を怠るは、あたかも畑の真中に於《おい》て、高尚なる遊泳術を研究すると一般、その効はなはだ少ない」と批判した。

たしかに当時の中学校では英文法の指導に多くの時間をかけ、その内容も文法規則の暗記に重点が置かれていた。だから「文法倒れ」との批判や「もっと実地の練習を」という主張には一理あった。ただし、日本人の英語学習にとって文法は大切であり、改善すべきはその指導法だった。

このように、文法訳読よりも実用的なコミュニケーション英語を教えよという経済界からの要望は、一〇〇年以上も前から出されていた。ただし、戦前の財界人は昨今のケチな財界人とは違う。英語教育改革のために大金を出した人もいたのだ。

†英語教育改革にカネを出す財界人

平成・令和の経済界は、政権与党には多額の政治献金を行うが、教育にはほとんどカネを出さない。なのに「グローバル人材を育成せよ」とか「英会話を増やせ」などと口は出す。これは日本の伝統なのだろうか？

いや違う。口は出さずにカネを出す、あっぱれな財界人が大正時代にはいた。その一人が、松方幸次《まつかたこうじ》郎《ろう》だ。松方は日本の軍艦の四分の一を建造していた川崎造船所の社長で、第一次世界大戦中はロンドンで船の売り込みに奔走していた。そのロンドンで、一九二一（大正一〇）年に帝国教育会会長で成城学園創設者の澤柳政太郎《さわやなぎまさたろう》とたまたま出会った。澤柳は第一次世界大戦後の教育政策を考えるための欧米視察中で、視察旅行で痛感した外国語の必要性と日本の英語教育改革の重要性について松方に熱く語った。松方はアメリカとフランスで教育を受けた経験があり、すぐに澤柳と意気投合した。二人は同じ一八六五年生まれでもあった。

こうして、言語教育の専門家をイギリスから日本に招き、費用は松方が負担するという話がトントン拍子で進んだ。渡航費用や三年間の滞在費は約五万円（現在の一億円以上）にもなるが、松方はポンと出したのである。令和の財界人も見習ってもらいたい。

なお、松方は「船成金《ふねなりきん》」として儲けた金で西洋の美術品を買いあさった。これが「松方コレクション」であり、東京上野にある国立西洋美術館の母体となった。

松方らによって招聘《しょうへい》されたのが、ロンドン大学講師で言語教育者・音声学者のパーマー(Harold E. Palmer　一八七七〜一九四九、図3‐1）で、一九二二年に来日して文部省英語教授顧問となった。翌年には文部省内に英語教授研究所（現・一般財団法人語学教育研究所）を設立し、所長はパーマー、名誉総裁は文部大臣の岡野敬次郎《おかのけいじろう》、理事長は澤柳政太郎、顧問・理事には岡倉由三郎（東京高師）、市河三喜（東京帝大）、石川林四郎《いしかわりんしろう》（東京高師）といった英語教育界のキラ星の如き重鎮たちが名を連ねた。英語教育改革への意気込みが伝わってくる。

こうして、政・財・官・学が一体となって英語教育改革を担う日本初の研究所が設立された。と言えばカッコいいが、「文部省内英語教授研究所」という名称は「内」がくせ者で、実は文部省の正式機関ではなく、文部省の敷地内に建てられた平屋のバラックに一〇坪ほどの一室を与えられただけだった。しかも、その後の前途多難を象徴するかのように、研究所は同年九月の関東大震災で甚大な被害を受け、すぐに転居を余儀なくされた。

パーマーは音声と会話を重視したオーラル・メソッド（口頭教授法）を提唱した。日本滞在は一九三六年に帰英するまでの一四年間に及び、研究・講演・執筆・出版などを通じて日本の英語教育改革のために獅子奮迅の活動を行った。研究所は毎年「英語教授研究大会」を開催し、英語教育界に影響を与えた。松方が提供した資金が尽きると、パーマーは自著の印税などから研究所職員の給料を払い、自身は東京外国語学校や東京高等師範学校の講師給で生活した。偉い人だ。

図3-1　ハロルド・パーマー

パーマーのオーラル・メソッドは、聴く・話す活動を重視し、入門期には文字を導入する前に英語でのオーラル・ワーク（口頭練習）を行う。日本語を介さずに英語の意味を英語のまま理解することをめざし、英語での質疑応答や対話練習を重ねる。ただし、「パーマーの説くところは既に十年ないし十五年前、岡倉〔由三郎〕の夙《つと》に教えたところに過ぎなかった」（福原麟太郎『日本の英学』一九四六）との厳しい評価もある。

オーラル・メソッドには熱烈な支持者がいた一方で、多くの英語教師は冷ややかだった。英語教育にとって音声や会話が大事であることは頭ではわかるが、実際の入試では英文解釈（和訳）、英作文、文法問題が主に出題される。授業を英語で進めるのは教師にとっても大きな負担だし、授業について来られない生徒も増える。そうした日本の状況では、オーラル・メソッドでの授業は実践しにくかったのである。

†会話重視は日本人にふさわしいか？

日本人は英会話に異常な憧れを抱くようだ。文部省（二〇〇一年から文部科学省）の外国語（英語）教育政策は、一九九〇年代より聴く・話すに力点を置く「コミュニケーション重視」（実質は会話重視）に転換した。その一環として、二〇二〇年度からは小学校高学年での外国語を正式教科にした。だが、小学校から英語を学べば、日本人は英語がしゃべれるようになるのだろうか。

これは昔も今も、日本人と英語に関わる大問題であり続けている。そこで、この問題を根本的に考えてみよう。それには、外国語学習の目的や方法が言語社会環境によって大きく変わることを理解する必要がある。キーワードはＢＩＣＳとＣＡＬＰ、そしてＥＳＬと

ＥＦＬの四つだ。

近年は英語教育学の研究が大いに進み、十把《じっぱ》ひとからげに英語学習法を論じるのではなく、学習者が置かれた学習環境や学習目的に合った方法が具体的に考えられるようになった。実際には言語系統などによる言語間距離の違いなどが複雑にからむが、ここでのポイントは次の二つ。

一つ目は、英語を学ぶ目的が、会話中心の「生活言語」（ＢＩＣＳ）の獲得か、それとも読み書きなどの知的な「学習言語」（ＣＡＬＰ）の習得か。

二つ目は、英語を学ぶ環境が、英語を生活に必要とする「第二言語」（ＥＳＬ）の環境か、それとも生活に必要ない「外国語」（ＥＦＬ）の環境か。

これら四つの区分によって、英語の学習法も教育法も変わる。この点を理解することが、英語と日本人をめぐる混乱を断ち切る上で大切なので、やや理論的な話になるがお付き合いいただきたい。

†英語は生活言語か学習言語か

英語力には二種類ある。日常会話などの「生活言語」能力がＢＩＣＳ（ビクス＝Basic Interpersonal Communicative Skills 基礎的伝達能力）、学校教育を通じて習得する読み書き中心の「学習言語」がCALP（カルプ＝Cognitive Academic Language Proficiency　認知学習言語能力）と呼ばれる。英語力は二重構造になっているのである。この分類はカナダのバイリンガル教育研究者であるカミンズ（Jim Cummins　一九四九〜）によるもので、広く支持されている。

子どもは五歳頃までに生活に必要な話しことばを獲得する。生活の様々な場面で経験的に身につけ、相手の表情、声の調子、身体の動きなどの言語以外の要素によって理解が助けられる。そのため知的な発達段階が低くても、ことばを獲得できるのである。

英語の飛び交うカナダのような言語社会環境で移民の子どもが暮らすと「生活言語」（BICS）は自然に身につく。ところが学校に入ると、授業についていけない子どもが続出する。カミンズはこの事実に気づいた。学校では数学や理科などの学習に必要な「学習言語」（CALP）を意識的に学ばなければならない。それには教科書などの書き言葉を正確に読み取り、深く考える必要があるため、習得にはBICSよりも時間と努力が必要なのである。

「生活言語」と「学習言語」の関係は複雑だが、比較のために単純化すると表3-1のようになる。

子どもは小学校に入ると国語・算数・理科などの教科書を使って母語（日本語）の文字

比較項目	生活言語（BICS）	学習言語（CALP）
めざす主な英語能力	聞く・話す	読む・書く
主な学習項目	音声・発音	語彙・文法・読解・作文
母語での習得期間	5歳頃まで	学校教育（小学校〜大学）期間
習得の特徴	自然に獲得	意識的な学習
言語使用の主な様式	使用場面への依存	文字情報への依存
移民の子どもの習得年数	2年程度	5〜7年以上

表3-1　生活言語（BICS）と学習言語（CALP）

情報に接するようになり、知能の発達とともに学習言語（CALP）を獲得していく。こうして母語による学習言語がひととおり形成された中学校段階で英語を学び始めると、文字や文法がまったく異質であるにもかかわらず、小学校段階よりも英語がずっと理解しやすくなる。すでに獲得した母語の学習言語が、英語の学習言語の理解を助けてくれるからである。たとえば日本語の「文化」の概念を知っていれば、英語の culture の意味が理解しやすくなる。

英語学習の初期の段階では、日常会話的な生活言語の比重が高い。これは英語の基本的な音声を習得するためにも欠かせない。しかし、学年が上がるにつれて読み・書き中心の学習言語へと徐々にシフトしていく。「子どもの英語」から「大人の英語」へと脱皮するのだ。それが高校・大学で加速する。だから大学の英語授業を英会話学校に外注するのはやめた方がよい。授業を無理に英語だけでやると学習言語のレベルを下げかねない。また、「学習言語」段階に進んだ人が日常会話的な生活言語を使えるようになるのは比較的簡単だが、逆に生活言語ばかりやっていては学習言語に到達するのが難しい。中身のある会話力は読書量に比例する。

教材の選択も重要になる。物語文は人間の心情などを理解するには大切だが、生活言語系の日常的な単語や表現が中心となる。他方で、論説・評論文は学習言語系の知的な単語や表現が多い。

†小学校の生活英語、中学・高校の学習英語

このように、小学校では音声中心の生活言語を学ぶが、中学校以降は文字中心の学習言語に移行していかなければならない。このため、中学校に入ると、小学校から英語を学んだ子と中学校に入ってから英語を学んだ子との学力差は短期間でなくなってしまう。

そのことは戦前から知られていた。東京高等師範学校（現・筑波大学）附属中学校の一九二七（昭和二）年度の一年生用教科書を見ると、中学校で初めて英語を学ぶ生徒のクラスでは読本の第一巻から始めたが、附属小学校の五・六年生で英語を学んできた生徒のクラスでは第二巻から始めた。ところが、二年生になると全生徒が同じ教科書を使用した。英語の学力差がほぼ一年以内に解消されるからだ。

その点は現在でも変わらない。京都の有名私立中学校の英語教師だった友人に尋ねたと

ころ、系列の小学校で六年間英語を学んできた子たちは、中一から学び始めた生徒よりも当初は成績優秀だが、その差が消えるのに要する時間は「たった半年です」との回答だった。ただし、点数化できない情意面などへの影響についてはわからない点が多い。

いずれにしても、「小学校から英語を学ばせたい」「小学校での英語の成績が悪いので心配」と思う親御さんへの回答は一つ。「あせる必要はありません」。かく言う私も小学校六年生から英語塾に通い、中一の一学期の英語は満点だった。それで油断したのが大失敗で、二学期の定期試験では四〇点台に落ちた。答案に he の所有格を her と書いたことを覚えている。文字の形が his よりも her のほうが he に似ているからだ。文字と文法をまじめに学ばないとエラい目にあうことを学習した。

日常生活で英語を必要としない日本では、大切なのは小学校英語の生活言語ではなく、中学・高校で学ぶ文字中心の知的で学問的な学習言語。それにはまず母語である日本語の学習言語を鍛えることが大切で、小学校では日本語の本をたくさん読むことを優先すべきだ。それが外国語学習の土台となる。

戦前の英語教育の最高指導者の一人だった岡倉由三郎は、小学校英語教育に反対し、次のように述べている。「外国語の教授は、母国語の知識の堅固《けんご》に出来ていない者には甚《はなは》だ困難を感ずる」、「小学校では、もっぱら国語の知識を正確にし、その運用に熟せしむるよう力を注ぐが妥当であって、それがやがて他日外国語を習得する根底となる」(『英語教育』一九一二)。まさにそのとおりだ。

こうしたことを経験的に知っていたため、明治時代から外国語(英語)の学習は中学一年生(一二歳)から開始されてきた。第1章で見たように、現在の小学五年生から英語を教える試みも明治中期からなされたが、すぐに廃止論に見まわれ、成功しなかった。その教訓から学ぶべきであろう。

†英語は第二言語か外国語か

第二の問題に移ろう。英語を母語としない学習者の場合、自分が置かれている言語社会環境によって英語を二種類に分けて考える必要がある。つまり、英語が公用語の一つとなっているなど、日常生活で英語を使う必要度が高い「第二言語としての英語」(ESL=English as a second language)なのか、日常生活で英語を使う必要がほとんどない「外国語としての英語」(EFL=English as a foreign language)なのかである。このESLとEFLは一字違いで大違い。この違いによって英語の学び方も教え方も教材も大きく変わる。

では、ここで問題。次の国で学ぶ英語はESLでしょうか、EFLでしょうか?

①インド　②オーストラリア　③韓国　④日本　⑤マラウイ

このうち、ＥＳＬ（第二言語としての英語）の国は、①インドと⑤マラウイ。どちらもイギリスの植民地だった歴史的経緯から、英語が公用語の一つになっている。マラウイはアフリカ南東部にある小国で、小学校（八年制）の五年生から教育が英語で行われるようになる。子どもたちには過酷な学習言語環境のため、五年生になると留年や中退が増え、教育水準の低下を招いている（Chiphanda, 2007）。日本人が母語で教育を受けられることのありがたさを痛感させられる。

ＥＦＬ（外国語としての英語）の国は、③韓国と④日本。英語圏の植民地になった経験がなく、英語を使えなくても日常生活で困らない。英語はあくまで学習言語であり、教室を一歩外に出れば母語の海にドップリ浸かるため上達が難しい。最大の学習動機は「受験」だから、それが済めば英語力がどんどん衰えていく。

ただし、外資系企業やグローバル展開企業の一部では、英語を社内公用語にするなどＥＳＬとして扱う場合もあるから要注意。それでも、前述のように日本では仕事で英語を頻繁に使う人の割合は有業者の一〜二％程度、まれに使う人も一割程度だから、ＥＦＬ環境であることに変わりはない。

そのため日本の学校教育では「英語が使える」ことを目標に設定することはできない。政府・文科省は「「英語が使える日本人」の育成のための行動計画」（二〇〇三〜二〇〇七）を実施したが、尻切れトンボに終わった（第5章参照）。学校教育で「英語が使える」ようになるという発想は、「体育の授業で国体選手が出せる」なみの誇大妄想で、責任ある教育行政機関が方針とすべきではない。

ESLでもEFLでもないのが②オーストラリアで、母語としての英語（ENL＝English as a native language）を使う人が大部分を占めている。ただしアボリジニと呼ばれる先住民の一部や移民にとって英語はESLといえよう。なお、英語を母語とする国といえばアメリカ合衆国が思い浮かぶが、アメリカに住むスペイン語話者は約四〇〇〇万人に達しており、アメリカ人の約八人に一人の割合になる。うち半数はスペイン語しか話せないから、こうした人たちにとって英語はESLである。

「第二言語としての英語」（ESL）か「外国語としての英語」（EFL）かによって、英語の教授法や学習法が大きく変わる。フィリピンのようなESLの環境では、英語での日常会話が必要なため生活言語を獲得し、かつ学校教育に必要な学習言語を学ばなければならない。英語があふれる生活環境のため、授業は英語で行い、教師も英語母語話者ないし英語第二言語話者が多い。文法は明示的に教えなくても自然に近い形で獲得していく。

比較項目	第二言語として（ESL）	外国語としての英語（EFL）
学習の主な目標	生活言語（BICS）＋学習言語（CALP）	学習言語（CALP）
最終的な育成目標	英語モノリンガル	母語と英語CALPのバイリンガル
教育方法	英語だけを使った英語教育	母語も使った英語教育、翻訳も重要
英文法の指導	経験的に獲得させる	明示的に教える
主な教師	英語母語話者／英語第二言語話者	非英語母語話者（日本人など）
学習開始時期	小学校	中学校

表3-2　第二言語としての英語（ESL）と外国語としての英語（EFL）の教育法

他方、日本のようなＥＦＬの国では英語の日常会話がほぼ必要ないため、文字中心の学習言語に重点が置かれる。そのために母語（日本語）を使っての文法学習や翻訳も重要な学習方法になり、教師は日本人がふさわしい。学習開始年齢は、小学校で日本語による学習言語を蓄積し、文字による知的な英語を学べる発達段階に達した中学生からが望ましい。

以上のことを踏まえると、ＥＳＬかＥＦＬかによる教育法の違いは表３－２のようになる。

要するに、明治以来の伝統的な英語教育は大枠においては妥当だったわけで、日本では「外国語としての英語」（ＥＦＬ）という原則の上に、「学習言語」（ＣＡＬＰ）の獲得を基本目標として改善をはかるべきなのである。

ところが、現在の文部科学省は真逆の方針を学校現場に下ろしている。日本人にとって英語が第二言語（ESL）であるかのように錯覚し、「生活言語」（BICS）に比重を置いた「コミュニケーション重視」を進めている。だから失敗するのである（詳細は第5章）。

†先人のまっとうな英語教育論

「生活言語」と「学習言語」、ESLとEFLの違いを理解すると、英語教育の混乱をきれいに整頓できることがご理解いただけただろうか。

ただし、こうした英語教育学的な知見を知らなくても、経験を通じて同様の「まっとうな」見解にたどり着いていた先人たちがいた。その一人である佐川春水《はるみ》の英語教育論を紹介しよう。佐川は「時と金の浪費のみ（社説訳文）」（『英語の日本』一九〇九〔明治四二〕年六月号）で次のように主張している（要約で、〔　〕内の用語は江利川の補足）。なお、雑誌『英語の日本』は斎藤秀三郎が校主を務める正則英語学校の準機関誌だから、この社説は斎藤および同校の公式見解と見なせよう。いま読んでも、その理論水準の高さに驚かされる。

（1）英語は日本人にとっては絶対的に外国語〔EFL〕であり、両語の間に存する語法の相違ははなはだしい。そのため、日本人は決して〔ESLに近い〕ドイツやフランスの学生と同じ方法で英語を学ぶことはできない。

（2）外国人教師などは乳児が母語を獲得するような「自然」な外国語〔生活言語〕習得法を推奨するが、少年や大人が赤児《あかご》になることはできない。これまで獲得した母語を捨てて、二〇や三〇ばかり外国語〔生活言語〕を知ったところで、それで思考をめぐらす〔学習言語〕ことなどできない。

（3）文法や翻訳などは適切に用いれば外国語〔学習言語〕を学習する上で多大の効用がある。英語と日本語との比較は日本の学生にとって避けられないのであるから、最良の方法は英語の研究を日本語の知識の上に築くこと〔学習言語＋ＥＦＬ〕である。

日本人にとって英語はＥＦＬ〔外国語〕であり、主要な獲得目標は知的な学習言語（ＣＡＬＰ）だ。日本と英語とは「鏡像言語」と言われるほど音声・文字・語順などの言語構造が大きく違う。そのため佐川らは、幼児が母語を獲得するような音声中心の生活言語ではなく、文法や翻訳等を効果的に活用し、英語と日本語とを対比させながら学習言語を習得する必要があると説いていた。日本人は英語との格闘を通じて、明治末期には「まっとうな」英語教育論にたどり着いていたのである。

3　戦争と英語

†教科書の中の戦争と植民地

戦前の英語教育に大きな影響を与えたのが戦争だ。日本の近代史は戦争の歴史だった。明治新政府ができて間もない一八七四（明治七）年には初の対外戦争である台湾出兵を行い、翌年には朝鮮で江華島《こうかとう》事件を起こしている。日清戦争、日露戦争、第一次世界大戦、日中戦争、第二次世界大戦など、一九四五年の敗戦に至るまでの約七〇年間に、主なものだけで一五の戦争を経験している。

一八九〇（明治二三）年に発布された明治天皇の「教育勅語」には「一旦緩急《いったんかんきゅう》あれば義勇公《ぎゆうこう》に奉《ほう》じ」と明記され、戦争になれば天皇と国家のために命を捧げよとする道徳が学校教育を通じて刷り込まれた。教育勅語は英語教材としても何度も教科書に登場した。また、日清戦争からアジア太平洋戦争終結に至る戦争教材が英語教科書に盛り込まれた（江利川二〇一五b）。

たとえば、日清戦争末期の一八九五年四月には、日清戦争などに関する英字新聞の記事を一冊に集めた教材 *The War Reader*（武信由太郎編集・発行）が刊行された。文部省検定済の英語教科書を見ても、中学二年用の神戸直吉《かんべなおきち》著 *Kambe's English Readers* 2（一八九七年三月検定済）には日清戦争に関する教材「A Soldier（軍人）」が掲載されている。汽車で駅に到着した凱旋《がいせん》兵士を地元の人たちが万歳で出迎えている挿絵が付けられており、本文は次のような英文で締めくくられている。

How would you like to be a soldier, when you are a man?
（大人になったら、軍人になってはどうでしょう。）
I would like to be a soldier, and a brave one too.
（僕は軍人になりたいです、それも勇ましい軍人にです。）

日清戦争の勝利の結果、日本は台湾を植民地として獲得した。その台湾に関しては、英語のみならず国語教科書でも教材化した。文部省の第一期国定教科書『高等小学読本四』（一九〇三）には「生蕃《せいばん》」と題した少数民族に関する教材が掲載された。

台湾の蕃人《ばんじん》の中にて、支那《しな》の風に化《か》せられて、やや開けたるものを熟蕃《じゆくばん》といい、なお、大いに野蛮なるものを生蕃《せいばん》という。
生蕃は、多くは、山地に住めども、また、東部の平地に住むものあり。山地に住むものは、平地に住むものよりも、いっそー野蛮なり。

第1章で述べたように、日本は西洋人によって貼られた「半文明人」というレッテルを剝がすべく近代化に励んだ。しかし、植民地を獲得するやいなや、今度は先住民に対して「野蛮」のレッテルを貼り、教育と武力弾圧というアメとムチによって同化政策（理蕃《りばん》政策）を行ったのである。

日本の軍部は一九三一（昭和六）年九月に「満洲事変」を起こし、中国大陸への侵攻を開始した。一九四五年八月の敗戦まで続くアジア太平洋戦争に突入したのだ。満洲事変の年の一九三一年一月には文部省が中学校令施行規則を改正し、外国語の選択肢に「支那語」（中国語）を加えた。同年には日本放送協会（NHK）がラジオ「満洲語講座」（実質は中国語）を開講した。大陸進出という国策に沿って語学教育が再編されたのである。

満洲事変から四カ月後の一九三二年一月には、日本の関東軍の謀略によって、中国中部の上海《シャンハイ》で中国軍との大規模な武力衝突が起きた。第一次上海事変である。この戦闘の際に爆薬を抱えた三人の日本兵が自爆によって突撃路を切り開いたとされ、「爆弾三勇士」の軍国美談が仕立てられた。実際には偶発的な事故だったとの説もあるのだが。

この爆弾三勇士は、同年一二月に刊行された中学校・実業学校一年生用の英作文教科書である小日向定次郎《こびなたさだじろう》・Colins 著 *Beginner's New Choice Composition I* でさっそく教材化された。父親が息子に爆弾三勇士の話をし、最後は次の問答で終わる。

では、ここで問題。次の文を英訳していただきたい。ポイントは意志未来の will。

「あなたは彼等のような勇敢な兵隊になりますか。」
「はい、私は国の為《ため》に死ぬつもりです。」

先ほどの日清戦争を扱った教材とそっくりで、軍人になることを促している。それにしても、なんという親子の会話だろう。こんな教材が文部省の検定に合格し、英語教育を通じて若者を戦場に駆りたてたのである。

では、教科書の解答例（図3－2）。

Will you become a brave soldier like them?
Yes, I **will** die for my country.

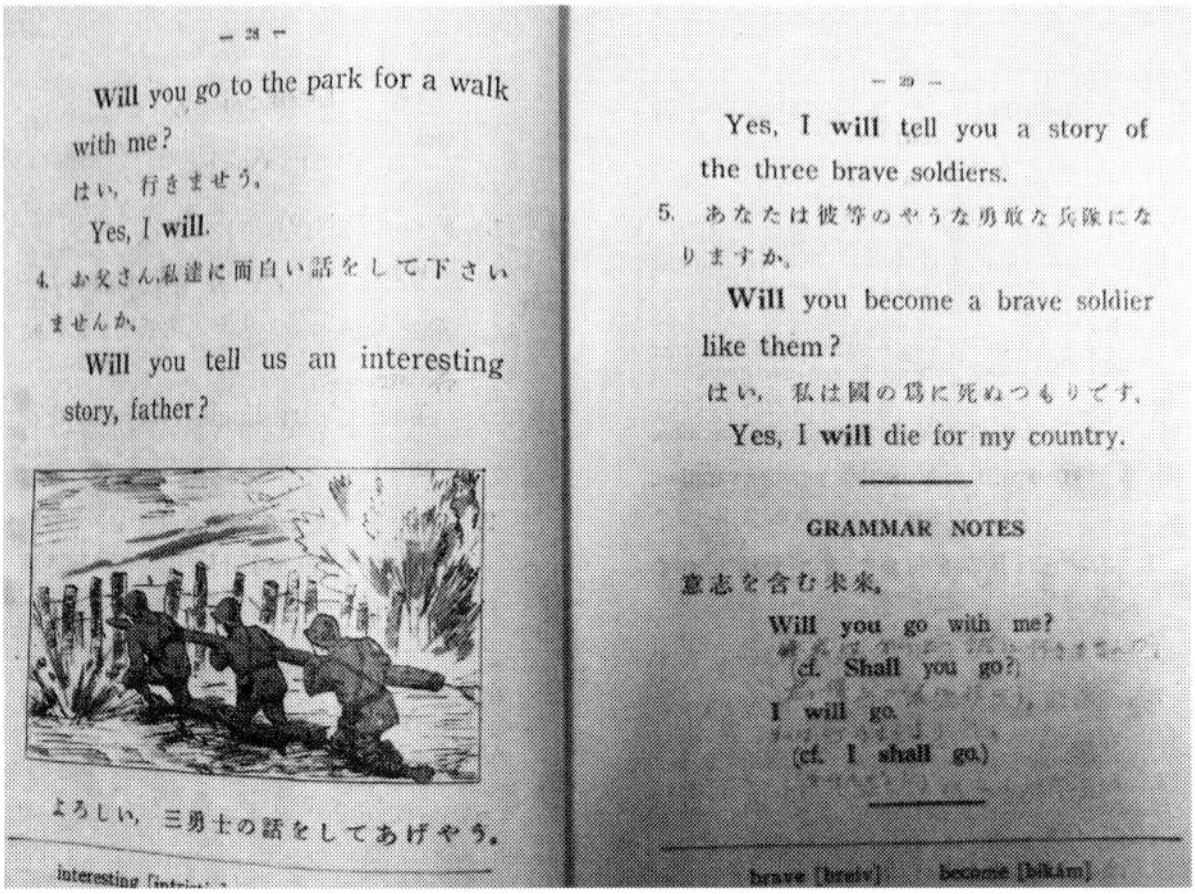
— 28 —

Will you go to the park for a walk with me?

はい、行きませう。

Yes, I will.

4. お父さん私達に面白い話をして下さいませんか。

Will you tell us an interesting story, father?

よろしい、三勇士の話をしてあげやう。

interesting [intrist…

— 29 —

Yes, I will tell you a story of the three brave soldiers.

5. あなたは彼等のやうな勇敢な兵隊になりますか。

Will you become a brave soldier like them?

はい、私は國の爲に死ぬつもりです。

Yes, I will die for my country.

GRAMMAR NOTES

意志を含む未來。

Will you go with me?

(cf. Shall you go?)

I will go.

(cf. I shall go.)

brave [breiv]　become [bikʌm]

図 3-2　爆弾三勇士の教材

二一世紀になった今でも、ロシアやウクライナなど世界各地でこんな悲しい会話がなされている。外国語教育の究極の目的は、異なる意見を話し合いによって解決し、それによって世界平和を実現することだ。道は遠いかもしれないが、崇高な使命感をもって外国語に向き合いたい。

†反戦と革命のプロレタリア英語

国定や文部省検定教科書とは逆のタイプの教科書も見ておこう。第一次上海事変の直後の一九三二（昭和七）年五月に、反戦と社会主義革命を主張する英語学習書が刊行された。松本正雄《まつもとまさお》『プロレタリア英語入門』（鉄塔書院、図3-3）である。英語教育史的にも文化史的にも貴重な本だが、なぜか全国の大学図書館には所蔵されていない。左翼本は発禁などの弾圧を受け、所持するだけで危険だったから、ほとんど現存しないのかもしれない。なお、プロレタリアとは労働者階級のことで、当時は無産階級とも訳された。

著者の松本正雄（一九〇一〜七六）はアメリカ文学者。東京に生まれ、青山学院英語師範科と東京外国語学校露語専修科を卒業後、中学校教諭を経て平凡社と日本評論社に勤務。日本プロレタリア作家同盟やプロレタリア科学研究所に参加し、アメリカ文学の翻訳・紹介に努めた。冤罪事件として悪名高い横浜事件（一九四四）で逮捕され、翌年八月に釈放されると『新日本文学』編集長、日本民主主義文化連盟事務局長・同常任委員長、日本ジャーナリスト会議副議長などを歴任した。筋金入りだ。

図 3-3　松本正雄『プロレタリア英語入門』（1932）

松本の自伝『過去と記憶』（一九七四）によれば、一九二九年の七〜八月にはプロレタリア文化運動団体である国際文化研究所の主催で「外国語夏期大学」を開催し、ロシア語、ドイツ語、英語、フランス語、エスペラント語、支那語(中国語)、ギリシャ・ラテン語を労働者・学生・市民に開講した。参加者の総計は三七〇人あまりだったという。松本は英語を担当し、ドイツ語講師にはプロレタリア文学者で詩人の中野重治《しげはる》、ロシア語講師には共産党幹部となる蔵原惟人《くらはらこれひと》や、ソ連に亡命し銃殺された演出家の杉本良吉などがいた。左翼運動の高揚期には、こんな外国語学習の場が作られていたのである。

松本は『プロレタリア英語入門』の「自序」で「英語自習書のうちで、多少ともプロレタリアートの必要を顧慮し、それに応じて仕事を進めた」と述べている。「本書の性質と学び方」では、語学の学習は途中で投げ出す人が多いので、「なるべく暗記的部分を少なくして、記述的説明部分を多くした」。大人相手の語学学習法としては妥当だ。だから、この本は読み物としても面白い。

プロレタリアート(労働者階級)が外国語を学ぶ目的は「植民地侵略や、外交戦や、等々のお先棒《さきぼう》をつとめるためではなく、語学を武器としてブルジョアジイと闘うためなのだ」と宣言している。なんとも勇ましい。語学学習の意義は、「一つの語学を知ることによって今迄よりも、より速やかに海外のプロレタリアートの状勢を知ることも出来るし、また労働者階級の国際的な連帯心を養うことも出来る」ことだと述べている。

本書は発音、綴り、基本的な文法などの解説・練習をふまえ、英文解釈問題、註解、訳文を掲載している。「プロレタリア英語入門」と銘打っているだけあって、英語の例文を通じてマルクス・レーニン主義の思想教育も行おうという意図を感じる。

Marx and Engels are teachers of proletariat.
（マルクスとエンゲルスはプロレタリアートの先生である。）
Marx founded communism, and Lenin developed it.
（マルクスは共産主義を基礎づけ、レーニンはそれを発展させた。）

本書の最後の部分は「アヂ太」と「プロ吉」による輪講会という設定になっている。二人の名前を合わせた「アジプロ」とはアジテーション＋プロパガンダの略語で、扇動と宣伝という左翼用語。本書もアジプロ活動の一環だったようだ。

最初の例文はマルクス『資本論』のエッセンスのような内容で、資本家による労働者搾取の仕組みを説いている。英文の題材を通じて、労働者階級に革命精神を喚起しようとしているのだ。例文の最後は一九三〇年頃の時代状況を伝える文章。日本語訳で紹介しよう。

資本主義諸国に於《お》ける階級闘争の激化、ＵＳＳＲ〔ソビエト社会主義共和国連邦〕を犠牲にして危機から脱出する方法を求める焦慮《しょうりょ》、勝ち誇る社会主義に対する彼等の極度の恐怖、USSRの資本主義的な堕落の期待と、死滅し行く反革命的諸階級（富農及び都市のネップ・ブルジョアジイ）の支持とに基礎を置く戦術の挫折、等は、世界のブルジョアジイをして、経済的封鎖と軍事干渉によって、外部から攻撃する戦術を採用することを余儀なくせしめる。

この例文は、極端な階級闘争史観と軍事色が濃厚なスターリン主義の影響を感じさせる。この時代は資本主義諸国が一九二九年の世界恐慌にあえぐ一方で、ソ連は恐慌とは無縁に第一次五ヵ年計画（一九二八〜一九三二）を推進していたから、「勝ち誇る社会主義」という言葉には実感がこもっていたことだろう。一九九一年にソ連が崩壊し、スターリン独裁の実態が明らかになった現在では空しく響くが。

英語教材には時代が映し出される。戦争と植民地化を礼讃する教材もあれば、反戦と革命の旗を掲げる教材もあった。英語教育はイデオロギーと決して無縁ではない。身近な話題であっても、たとえばハンバーガーショップの教材にはファーストフードを良しとするイデオロギーが潜んでいる。教材の吟味が大切だ。

†女子に英語はいらない!?

戦争は立場の弱い人々に最大の犠牲を強いる。戦時下の英語教育では女子にしわ寄せが集中した。

一九三七（昭和一二）年七月の盧溝橋《ろこうきょう》事件によって日中全面戦争に突入すると、戦時体制が一挙に強まり、英語教科書の中に戦争教材が急増した。一九三八年には藤村作が『文藝春秋』三月号に「中学英語科全廃論」を発表した。

こうした廃止論に対抗して、英語教師らは「教養的価値」を旗印に掲げた。英語教育は単なるスキルを教えるだけでなく、人格を陶冶《とうや》し、広い視野をもった教養人を育てるためだとする主張だ。この論に立てば「使えない英語」であっても学校で教える価値があるという理屈になる。たしかに英語に限らず、鉄棒も三角関数も実用的に使う人はほとんどいないが、人間の多面的な発達には欠かせない。

ところが、一九四一年一二月に米英を敵とする太平洋戦争に突入すると、英語教育への風当たりは格段に強まった。まっ先に「英語はいらない」とみなされたのが女子の学校だった。一九四二年四月には高等女学校の外国語は必修ではなく、加えてもよい「増課教科」に格下げされた。さらに同年九月から外国語は選択制の随意科目として週三時間以下に制限され、課外授業も禁止された。しかも、三年生以降も外国語を履修するには、二年生修了時の成績や保護者と本人の希望が調査されたのである。英語を学ばせないための嫌がらせとしか思えない。

それは良妻賢母《りょうさいけんぼ》教育のためだった。文部省は外国語を履修しない女子生徒には「主として家事（特に育児保健）、理科、実業を履修せしむること」と定めた。女子の外国語教育を縮減することで、戦時下での「産めよ増やせよ」の出産奨励と、工業生産力の増強へと誘導したのである。そのため、英語教師が失業し、あるいは他教科の担当になって糊口《ここう》をしのぐ事態も生まれた。

それでも時流に抗し、英語教育を続ける高等女学校も少なくなかった。『文教維新の綱領』（一九四四）によれば、女学校の約三分の二にあたる約六四〇校は外国語の教授時数を減らして他学科を履修させたが、残る約三四〇校は従来のように外国語の学習を継続させた。

英語学習の実態はどうだったのか。私は太平洋戦争期に高等女学校の生徒が書き残した日記帳を古書店で見つけたことがある。持ち主は、私の実家から通学圏内にある埼玉県立熊谷高等女学校（現・熊谷女子高等学校）の生徒だった。運命を感じてしまう。

太平洋戦争開戦から一年近く経った一九四二（昭和一七）年一一月二日（水）の日記では、

三年生（現在の中三相当）だった彼女が学期末試験を受けた感想を記している。

英語の時間は考査でしたが、教課書の方は割合によかったと思ったが、応用問題の方を間違えてしまった。感じると言うのを足になんて訳したのが自分ながらおもしろくて仕方がない。

この生徒は期末考査でfeel（感じる）をfeet（足）と勘違いしてしまったようだ。それでも「自分ながらおもしろくて仕方がない」と書いているのは、箸が転んでもおかしい年頃の少女らしくてほほえましい。

だが、そんな牧歌的な状況は戦局の悪化につれて消え、英語教育に対する圧迫がさらに強まっていく。一九四三年三月には高等女学校の家政・実業・外国語が増課科目とされ、その中から一～三科目を選択履修することになった。たとえば、石川県の津幡《つばた》高等女学校（現・石川県立津幡高校）では英語をやめて農業に代え、英語教師は農作業監督者となった。

それでも「国の方針は間違っていると心ひそかに思っていた人達が、英語の先生にお願いして」英語の学習を継続した女学校もあった（『弘前学院百年史』）。ミッション系の西南女学院に一九四〇年に入学した生徒によれば、当初は英語が週六時間あり、外国人教師による日本語を使わない英会話の授業や英語礼拝もあった。しかし一九四四年の三学期から午前中は授業、午後は学徒動員に駆り出されるようになり、「英語を勉強すれば国に叛《そむ》く者と云《い》われるので、進学のため四～五人でかくれて自習したものでした」と回想している（『西南女学院六十年の歩み』）。

なお、女子に英語はいらないとする思想は、この時期に始まったわけではない。啓蒙思想家の代表格とされた福澤諭吉は、一八八九（明治二二）年の「文明教育論」で、女子への英語教育を「狂気の沙汰」だと批判している。「三度の食事も覚束《おぼつか》なき農民の婦女子に横文の素読を教えて何の益をなすべきや。嫁《か》しては主夫の襤褸《ぼろ》を補綴《ほてい》する貧寒《ひんかん》女子へ英の読本を教えて後世何の益あるべきや」とボロクソである。

福澤の発言は農村、貧者、女子への三重の差別だ。中国人や韓国人などのアジア民衆に対する蔑視を盛り込んだ「脱亜論」（一八八五）とともに、彼の啓蒙思想の限界を示している。福澤にしてこのレベルだから、明治以降の女性蔑視がどれほど強いものだったかが想像できよう。こうした考えが女学校英語縮廃論の底流にあった。明治の文明開化や啓蒙思想は女性にまで及んでいなかったのである。

†英語敵視の社会で

「第二次世界大戦中の日本では英語が禁止されていた」とよく言われる。たしかに、政府の情報局は戦意高揚のために「看板から米英色を抹殺しよう」といったキャンペーンを展開した（『写真週報』一九四三年二月三日号）。戦時下では国家権力だけでなく、英語を敵視する社会の空気も恐ろしかった。在郷軍人会、国防婦人会、隣組などの相互監視体制が築かれていたからである。英語を法律で規制したわけではないが、世間では自主規制によって、あるいは政府や軍部への忖度《そんたく》によって、生活の場から英語を追い出していった。

こうして、キングレコードは富士音盤に、歌手のディック・ミネは三根耕一《みねこういち》に、フェリス和英女学校は横浜山手女学院に変えられた。この種の変更にはセンスが問われる。京都植物園が知恵を絞ってプラタナスを鈴懸樹《すずかけのき》としたのはさすがだが、カレーライスが辛味入《からみいり》汁掛飯《しるかけめし》ではマズそうだ。

ただし、政府の英語政策は二重基準だった。そのためエリート的な中等学校では、時間数の削減や履修制限などはあったものの、ほとんどの学校で英語を教えることができた。その証拠に『昭和十八年度中等学校青年学校教科用図書総目録（付国民学校高等科用）』（一九四二）を見ると、外国語教科書の総数はのべ一二六種で、うち英語用はのべ一一九種もあった。翌一九四四（昭和一九）年度の目録でも、数は減ったものの、英語読本四種、英習字三種、ドイツ語二種、支那語二種が文部省の検定認可を受けている。

中等英語教員になるための検定試験も戦時下で継続されていた。大戦末期の一九四四年三月にこの検定試験に合格した松場彌《まつばひさし》氏に、私は当時の様子を直接伺ったことがある。一九三九年に三重県師範学校（現・三重大学）専攻科に入学した松場氏は、一九四三年度の中等学校教員検定試験英語科の受験を目指して電車内で英書を読んでいた。すると乗客から「貴様、敵性語の勉強をしているのか！」と詰問《きつもん》され、「いや、これはドイツ語です」と言って難を逃れたという。すでに「カレント・トピックス」などの英語ラジオ番組もなくなったため、彼は英語を聴き・話す練習のために英語のレコードを買いあさった。音が周囲に漏れないよう蓄音機の上に布団をかぶせ、音の高い鋼鉄の針ではなく、竹の針を付けて音を低くし、聴き取り練習を重ねた。

こうした努力によって松場氏は合格し、一九四四年度より晴れて中学の英語教員となった。しかし、悪化する戦況のもとで勤労動員の引率ばかりをやらされ、英語はなかなか教えさせてもらえなかった。戦後は一九五四年に三重県で初めてのフルブライト留学生として渡米し、長らく高校で英語を教えた。

†大東亜共栄圏のための英語

戦時色が強まるにつれて、英語教育関係者の多くは時局に迎合していった。文部省内語学教育研究所（市河三喜所長）は、一九四二（昭和一七）年七月の「中等学校に於ける外国語科」（『語学教育』第一八四号）で、中等学校で外国語（英語）を正科として教えるべき理由を次のように主張した。（一）日本の世界的進出に必要、（二）自国文化充実の要件、（三）教育的価値が多大、（四）実用的価値は益々増大する。このうち（一）については、次のように述べている。

大東亜《だいとうあ》の共栄圏を確立し以《もっ》て世界新秩序の建設に貢献せんとする皇国民は、学術、産業その他の各方面に於《お》いて世界的進出を計り、指導的地位に立たなければならない。かかる大理想の実現の為には日本語の海外普及を計るべきこと勿論《もちろん》であるが、これと同時に現在最も通用性に富む一つの外国語を学習し、これを活用することが我が国策の現実的要請である。

日本を代表する外国語教育研究機関が、東アジア支配をめざす大東亜共栄圏構想という国策遂行のために外国語（英語）教育を位置づけていたのである。日本の近代史において、英米や英語を自分より上位ではなく対等ないし下位に見ることができたのは、わずかに太平洋戦争期の数年間だけだったのかもしれない。それは一瞬の強がりだった。戦後の日本は再びアメリカの従属下に置かれ、英語（米語）崇拝期を迎える。

英語関係者の国策追随は、子どもたちに大きな影響を与えた。中学校教師だった星山三郎は一九四三年四月、東京の中学校に入学した直後の生徒二六〇名に「なぜ私ども日本人は今、中学校で外国語（本校では英語）を学習するのでしょうか」と尋ねた（複数回答可）。その結果を「少国民の目に映じた外国語学習の意義」（『語学教育』一九四三年七月号）で報告している。

(1) 英語は国際語であるから。……………………………………（二五％）
(2) 日本が海外に発展し東亜共栄圏及び世界を指導するため。……（二五％）
(3) 世界各国人との交際、交通貿易の必要上。………………（一四％）
(4) 敵米英または欧米の事情を知るため。……………………（一二％）
(5) 世界の学術または英米の長所があれば採り入れるため。……（一〇％）
(6) 敵情をスパイするため。……………………………………（五％）
(7) 世界及び南方の諸国民に日本語を教へる当座の手段として。……（四％）
(8) 占領地に於ける通訳又は捕虜取調べのため。………………（三％）
(9) 米英に対する我国の宣伝上。………………………………（一％）

（10）雑……………………………………………………（一％）

このように「東亜共栄圏及び世界を指導するため」「敵米英又は欧米の事情を知るため」「敵情をスパイするため」「占領地に於ける通訳又は捕虜取調べのため」などの戦時的な学習動機が痛々しい。星山は「少国民の目も頗《すこぶ》る確かなもので、真に大国民たるにふさわしいゆとりと冷静さと洞察力を有していることが分かる」と手放しで評価している。

実は星山は、一九三八年四月にも当時勤務した地方の中学校で生徒五〇名に同様のアンケートをとっていた。その結果も同じ号に掲載されている。

（1）外人との交際また実業取引上……………………（三三％）
（2）英語は国際語だから…………………………………（一九％）
（3）国際親善平和のため…………………………………（一〇％）
（4）上級学校入学のため…………………………………（八％）
（5）日常生活の必要………………………………………（三％）
（6）知識を世界に求め、採長補短《さいちょうほたん》…………………………（五％）
（7）社会に出る準備………………………………………（五％）

（8）海外発展のため……………………………（五％）
（9）雑……………………………………（一一％）

五年前の一九三八年当時は、中学生たちは「国際親善平和のため」「上級学校入学のため」「知識を世界に求め、採長補短」といった平時の感覚で英語学習の意義を捉えていたことがわかる。一九四三年のアンケート結果と比較すると、一九四一年の太平洋戦争突入を境に生徒たちの意識が大きく変化したようだ。英語学習は決して真空のなかで行われるのではない。社会の生々しい現実に染まりながら行われるのである。

米英との戦争突入後も中等学校の英語教育は続けられたが、教材内容に戦争色が強く盛り込まれるようになった。国策会社である中等教科書株式会社が戦争末期の一九四四～四五年に編集・発行した準国定教科書『英語（中学校用）』と『英語（高等女学校用）』（各三巻）を見ると、戦争教材の占める割合がそれ以前の英語教科書よりも大幅に増え、中学校用一七％、女学校用六％になっている。さらに「戦時的自覚」「大東亜共栄圏」などの戦時的な教材を盛り込んだ課は、全六冊の平均で二七％にも達する。こうした戦時的な教材は、戦後になると墨《すみ》を塗られるか切り取られ、戦争教育の証拠隠滅が図られることになる（第4章参照）。

†敗戦の一因は陸軍の英語軽視

アジア太平洋戦争での日本軍の敗戦の一因は、陸軍の英語教育軽視にあったのではないか。陸軍の幹部将校たちは英語をほとんど学ばなかったために、主敵となる米英の事情をよく知らないまま太平洋戦争に突入したからである（江利川二〇一六）。

陸軍中枢部を握る東條英機《とうじょうひでき》ら陸軍幼年学校の出身者はドイツ語履修者がもっとも多く、英語を学んでいなかった。陸軍幼年学校とは陸軍が独自に設立した中等学校で、陸軍エリート幹部の多くを輩出した。幼年学校の外国語は長らくドイツ語、フランス語、ロシア語だけで、英語はなかった。独仏は陸軍大国であり、ロシア（ソビエト）は仮想敵国だったからだ。幼年学校六校のうち二校でようやく英語教育を開始したのは日中戦争開始後の一九三八（昭和一三）年で、時すでに遅かった。しかも、幼年学校の上に置かれた陸軍予科士官学校では、中学校卒業者を対象とした一九四一年の入試から英語を削除し、入学後の外国語教育の時間も大幅に縮減してしまった。

陸軍大学校卒業時の優等生に与えられた留学の行き先（一八八八〜一九三六）は、ドイツが三三％とダントツの一位だった。次いでフランス一七％、ロシア一六％、中国一四％だったのに対して、イギリスは一二％、アメリカは九％にすぎなかった。米英に留学し国情をよく知る将校の割合は全留学者のわずか二割ほどで、しかも幼年学校ではなく中学校の出身者が多かったため冷遇された。陸軍大将一四三人のうちイギリス駐在経験者は四人、アメリカ駐在経験者は三人だけで、両者を合わせても五％に満たなかった。こうして、ドイツ語履修者でドイツ留学組が陸軍内で最大勢力を占めるようになったのである。そのためナチス・ドイツに心酔する一方で、米英の力量を過小評価し、国家戦略を誤った。

米英との戦争に反対した陸軍将校の一人に本間雅晴《ほんままさはる》中将がいる。中学校出身の彼は陸軍きっての英語の名手で、英国駐在武官として欧州情勢や英米の実力を熟知し、日独伊三国同盟（一九四〇）に反対した。そのため東條英機ら陸軍強硬派から「親英派」「腰抜け将軍」として排斥された。それでも本間は戦争終結のための和平工作に尽力した。だが、敗戦後はマニラ戦犯裁判で捕虜虐待の責任を負わされ、処刑された。

こうした陸軍に対して、日本海軍はイギリス海軍をモデルに創設され、アメリカを仮想敵国としたことで英語を重視した。海軍将校を養成した海軍兵学校では最後まで入試に英語を課し、入学後も英語を重視した。敗戦の年である一九四五年三月に刊行された兵学校の『英語教科書（予科生徒用）』は、英語だけで授業を行うことを想定して作られている。

陸軍と海軍は最後まで軍事戦略が一致せず、このように外国語教育方針も不統一なままだった。外国語教育が情勢の変化に柔軟に対応できず、実際の戦地となった中国などの周辺アジア諸国の言語を共に軽視していた。こうして、敵国と占領地の言語と国情を深く知らないまま無謀な戦争指導を行い、おびただしい犠牲を内外に強いたのである。

二一世紀のいま、日本の財界や政府は「グローバル人材育成」をスローガンに英語力の強化を学校に求めている。しかし、グローバル社会に対応するには多様な言語と文化を学ぶ必要がある。極端な英語一辺倒主義は、あたかもドイツ語やロシア語のみを重視して情勢に柔軟に対応できなかった陸軍の誤りを思い起こさせる。

日本軍が対決したアメリカ軍は情報戦を重視し、太平洋戦争期に本格的な日本語教育を実施して語学将兵を大量に育成した。彼らは日本軍の通信、作戦文書、兵士の日記などを解読し、その動きを把握した。もっとも、開戦前から日本は多くの学校で英語教育を実施していたのに対して、アメリカは日本語教育をほとんど行っていなかったという落差もあったのだが。

悪化する戦局の下で、一九四四年頃からは日本の中等以上の学校では、勤労動員や学徒出陣によって授業休止状態になる場合が多くなった。ところが、陸軍や海軍の幹部養成学校などでは敗戦時まで外国語を含む教育を続けていた。海軍兵学校の校長だった井上成美《しげよし》(在任一九四二年一〇月〜四四年八月)は、敗戦を予測して若く優秀な生徒たちを戦後復興のための人材として温存したと回想している(井上成美伝記刊行会編『井上成美』)。結果的に、文部省に代わって軍が濃密な基礎教育を行っていたわけだ。

敗戦時の陸海軍の学校には、軍人精神を注入され、外国語を含む高度な教育・訓練を受けた大量の人材が残された。その数は、陸軍の幼年学校や士官学校に一万七六七六人、海軍では兵学校や経理学校に一万六九八一人、合計三万四六五七人にも達した。これ以外にも、軍は多種多様な学校をかかえていた。

これらの生徒たちは、日本軍が消滅した戦後になって各方面で指導的な働きをすることになる。一九五二年に創設された海上警備隊は、定員約六〇〇〇人のうち幹部の九九％以上、下士官の九八％以上が旧海軍の軍人で充足され、二年後に海上自衛隊となった。こうして旧海軍のＤＮＡが戦後に引き継がれたのである。

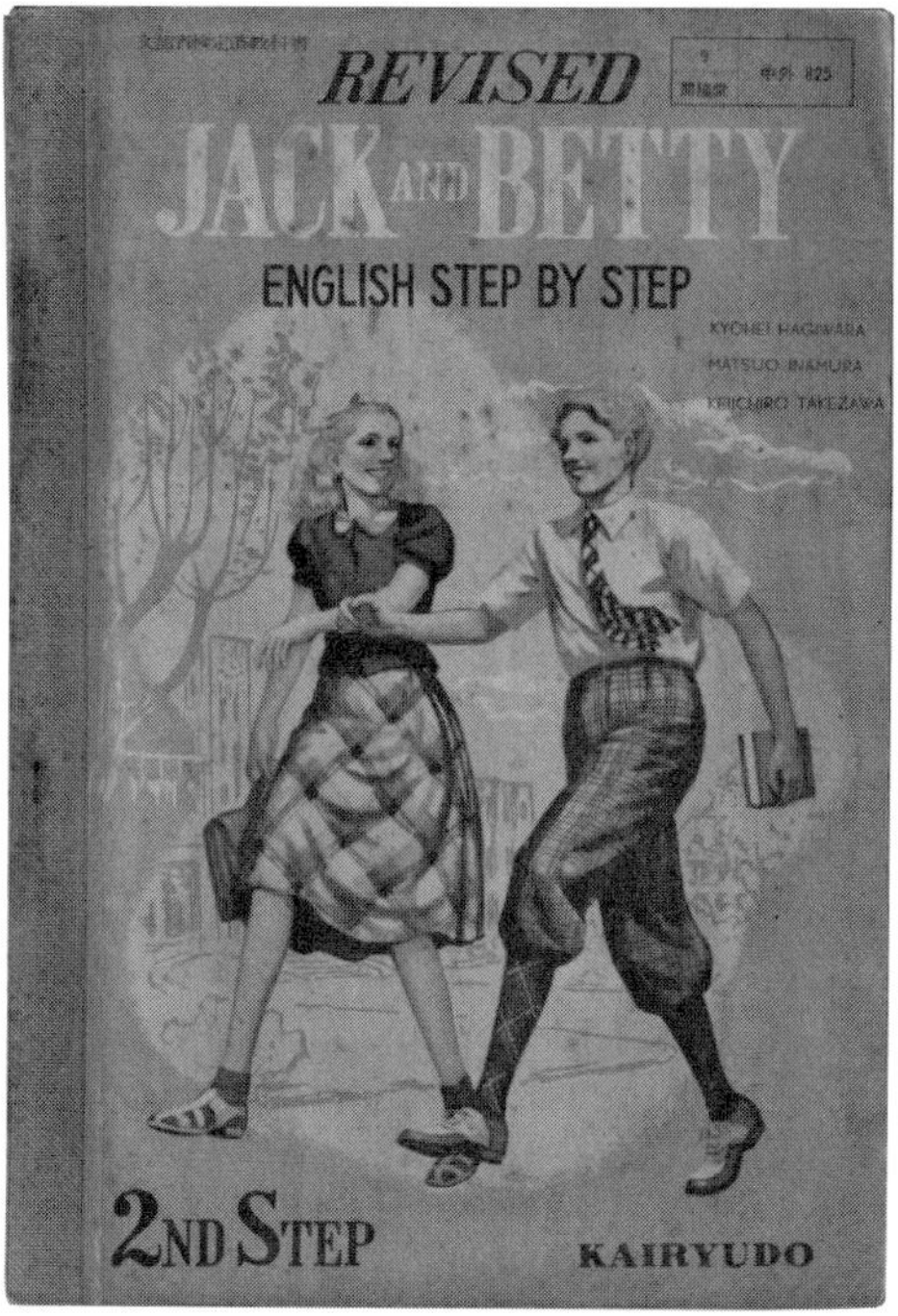

第 4 章

だれもが英語を学べる時代に

萩原恭平ほか*Revised Jack and Betty* 2(1953)

1　焼け跡の中の英語

†アメリカ英語ブームへ

一九四五（昭和二〇）年八月の敗戦で、英語と日本人の関係は激変した。戦後の占領下で、英語はアメリカ風の民主主義を運び、日本復興の希望の象徴だった。一九四七（昭和二二）年の新制中学校の発足で国民の誰もが英語を学べるようになった。しかし、決してバラ色ばかりではなかった。

日本政府が降伏文書に調印した九月二日、連合国軍最高司令官総司令部（GHQ）は「三布告」を翌日に発表すると通告した。それは英語の公用語化を含む米軍による直接統治を意味する内容だった。（1）行政、司法、立法の三権を含む日本政府の権能は、今後マッカーサーの権力の下に行使される。軍事管理期間中は英語を公用語とする。（2）降伏文書の条項及び最高司令部の発する一切の布告・命令に違反した者は、軍事裁判の判決により死刑またはその他の刑に処する。（3）アメリカ軍の軍票を日本国の法定通貨とする。

これを知った日本側は重光葵《しげみつまもる》外務大臣をマッカーサーのもとに派遣し、米軍による直接統治を土壇場で回避した。英語が公用語になることもなかった。ただし、占領下で英語は「事実上の」公用語になった。公文書は英訳を添えなければならなかったからだ。

マッカーサーは、日本は「四等国」に成り下がったと評した。一等国をめざした近代日本の歩みが振り出しに戻ってしまった。再び一等国に戻るには、明治以来の伝統的な方法をとるしかない。そう、文明の言語である英語を学び、文明国化を急ぐのだ。ただしモデルは英国ではなく米国、欧化ではなく米化だった。

最大四三万人の連合国軍のうち、四分の一は英国やオーストラリアなどのイギリス連邦軍、残る四分の三はアメリカ軍だった。実質的なアメリカの単独占領で、全国各地に米兵が姿を見せ、アメリカ英語が飛び交った。聞くにたえない俗語や卑語も多く含まれていた。それに眉をひそめ、英語教師は「正しい英語」を教えなければならないと説く福原麟太郎のような英文学者もいた。

他方、雑誌『ザ・カレント・オブ・ザ・ワールド』一九四五年一〇月号の「編輯余録」が書くように、「英国の英語――King's English を金科玉条視して American English に眼を閉じ耳を塞いで来た英語の先生は、それこそ頭の切替が必要となって来た」と考える方が多数派だった。こうして、戦前にイギリス英語をたたき込まれた英語教師たちは、米兵がhotをホットではなく「ハット」と発音するのにハッとさせられ、waterをウォーターではなく「ワラ」と言えるよう藁《わら》をもつかむ思いでアメリカ発音を勉強した。

焼け跡の中で空前の英語ブーム、より正確には米会話ブームが沸き起こり、即席の「米会話」書が駅の売店などで飛ぶように売れた。一九四六年四月に発行された三輪武久『スラングと進駐軍略語集』を見ると、Aの冒頭の単語は「**A-bomb** atomic bomb すなわち原子爆弾」であり、その下には「**atomize** 原子爆弾攻撃をすることだ。Hiroshima was atomized. と言えば広島は原子爆弾攻撃を受けたと言うことになる。これなどは恐らく新語中の新語であろう」と書かれている。Bの冒頭は、なんと日本語由来の**baka**だ。

さて、ここで問題。このbakaとはどんな意味でしょう?

ヒントは、戦時中のアメリカ軍が日本軍をどう見ていたか。

では解答。「これは連合軍(Allied Forces)が日本のいわゆる特攻機とその操縦士に奉《たてまつ》ったものである。だから特攻機が投下する爆弾はbaka bombである」と説明されている。特攻機のパイロットは死を覚悟でアメリカの艦船に突入した。こうした行為は米軍の常識では考えられなかった。だから「常軌を逸した」という意味でbaka(馬鹿)と名づけたのである。

続いて**Banzai**も登場する。もちろん「万歳」が英語になったものだが、喜びを表現する現在の意味とは正反対。「連合軍将兵が戦争中最も怖れたものにBanzai attackと言うのがある。これは日本の将兵が喚声《かんせい》を挙げて敵陣に決死の突入することを言うのである」と解説されている。

こんな本でアメリカの新語を学んだ日本人はどんな気持ちだったろうか。戦争に散った兄や学友を思い浮かべた人もいただろう。

この本を発行したのは実用英語会話学院出版部だが、敗戦の年の九月から始まったラジオ講座も「実用英語会話」だった。街を行く米兵との会話が「実用英語」だと実感できる希有な時代だったのだ。翌年に出たJ・A・サージェント・須藤兼吉共著『日米会話必携』（一九四七）は一〇〇万部を超す大ヒットとなった。

人々は英語とともにアメリカと世界の最新動向を知りたがった。一九四五年一一月に雑誌『時事英語研究』（研究社）が創刊され、「米語を研究の第一対象とします」と宣言した。理由は「今や米国の政治的勢力が世界を圧倒しつつあるように、アメリカ英語はやがて世界を風靡《ふうび》し、英本国の標準英語を米語の一方言と化し去ろうとする勢いにあります」（「編輯者の言葉」）との認識からだった。それは第二次世界大戦によって、世界システムの中核をなす覇権（ヘゲモニー）国家が、イギリスからアメリカに移行したことを意味した。幸か不幸か、どちらも英語国だったため、覇権言語は英語のままで、比重がアメリカ英語に移ったただけだった。こうして日本の英語一辺倒主義は戦後も引き継がれる。
『時事英語研究』の主幹は高部義信《たかべよしのぶ》で、彼は雑誌編集の合間に『研究社米語辞典』を編纂し、わずか半年後の一九四六年五月に発行した。驚異的な早さの秘密は、雑誌編集での蓄積に加えて、空襲で自宅を焼かれてしまったために研究社の社内に寝泊まりし、会社の豊富な資料を活用できたからでもあった。実にタフな男で、陸軍に召集されて沖縄の苛烈な地上戦を生き抜いた。高部は東京帝国大学法学部を卒業、一九三五年に研究社に入るとすぐに雑誌『英語研究』の主筆に抜擢された。日米開戦直後の『英語研究』一九四二年一月号「編輯余記」で、高部は次のような勇ましい檄《げき》を飛ばしていた。

英語研究者は今こそ軍需工業に従わる人々に勝るとも劣らぬ職域奉公に挺身《ていしん》出来るのであります。さらば諸君、決戦態勢下、最後の努力を振って、勇躍挺身のその日まで、敵国語〔＝英語〕克服の善戦を続けられんことを記者は切望いたして止まないものであります。

敗戦を境に、反米から親米へ。変わり身の早さには驚かされるが、多くの日本人がそうだった。とはいえ軍国主義よりは民主主義の方がずっといい。英語教科書にも民主主義に関するトピックが盛り込まれ、戦争放棄を明記した日本国憲法が一九四六年一一月三日に公布されると、直後の一二月一日に研究社から『和英対訳　日本国憲法』が刊行された。私の所蔵本は埼玉師範学校（現・埼玉大学教育学部）の学生による書き込みが多数あり、平和憲法を教材に熱心に英語を学んだ様子がうかがえる。

一九四六年二月からNHKラジオ「英語会話」が始まり、主題歌から「カムカム英語」として親しまれた。アメリカ仕込みの平川唯一《ひらかわただいち》による軽妙なトークで、アメリカ英語と民主主義の風をお茶の間に吹き込んだ。

†敗戦後の女性・子ども・政治家

敗戦直後の日本人の現実は過酷だった。日本は戦争で国富の約三分の一を失った。東京では全家屋の六五％が破壊され、都市の生活水準は戦前の三五％にまで落ちた。駅の周辺には戦争孤児たちがあふれ、餓死者が毎日出ていた。

戦争で家も家族も失った女性たちのなかには、進駐軍兵士に身を売るしかない人たちもいた。いわゆるパンパンと呼ばれた彼女らは、客引きのために「ヘイ・ユー・ファイブ・ダラー・オーケー？」のような「パングリッシュ」を使った。生きるために必死で覚えた怪しげな英語を、誰が笑えるだろうか。

世相をすぐさま映し出すのが子どもたちだ。ジープに乗った陽気な米兵がくれるガムやチョコレートは、めったにない最高のおやつだったから、子どもたちは「ハロー」「グッバイ」「ジープ」「ギブ・ミー・チョコレート」などの英語をまたたく間に覚えた。必要性こそが語学力向上のカギなのだ。子どもたちが紙を折って作るおもちゃは、伝統的な武士のカブトではなく、米兵のGI帽となった。幼い男女が腕を組んでニヤニヤしながら歩くイケナイ遊びもはやった。「パンパンごっこ」だ。

つい数カ月前までは「東亜から鬼畜米英を放逐せよ」と叫んでいた政治家たちは、敗戦・占領下の一九四五（昭和二〇）年一二月一七日に、「日米親善世界平和を促進せんが為、政府は英語教育の一大振興を図られたし」とする「英語奨励」の国会決議を行っている。アメリカと英語にすり寄ることで公職追放から逃れ、自らの保身を図ろうというのだろうか。驚き、呆れる。でも、もし自分がこの時代に生きていたら、同じように時流に乗っていたかもしれない。

英語の勉強は「戦争に負けたから」

英語の授業も再開された。学徒出陣を経て中学校の英語教師となった祐本寿男《すけもとひさお》は、一九四五（昭和二〇）年の秋、埼玉県浦和市立中学校に赴任した。兵隊服のまま三年生の最初の授業に臨むと、生徒たちの反応は強烈だった。

「君たちはなぜ英語を勉強しますか?」

「戦争に負けたからでーす」

「英語の好きな人は?」……ゼロ。

「では嫌いな人は?」……元気よく全員の手がサッと挙がった。

英語敵視の戦時下に育ち、勤労動員で授業を放棄させられた生徒たちの現実の姿がこれだった(祐本寿男『元気に米寿』)。

大人の都合で教育方針や教材をコロコロ変えられた子どもたちは、いったいどう思ったことだろう。「国のために命を捧げよ」と言われ、教科書の軍人や戦車に胸をときめかせていたのに、敗戦を境に、それまでの価値観が一挙に否定された。英語を学ぶのは「戦争に負けたから」と思う気持ちも当然だった。

そんな状況を見かねてか、著名な英語学者だった黒田巍《たかし》(東京高等師範学校教授)は「英語は世界の代表的な国語として、あるいは一種の国際補助語として、広く世界中に学ばれている国語である。敗戦国なるが故に学ばせられるのではない」と力説した(『英語の研究と教授』一九四六年一〇月号「雑録」)。そこまではいいとしても、黒田はつい口をすべらせて、英語を学ぶ理由は英語国民が偉大だからだと言ってしまう。

その民族が、政治的に、経済的に、社会的に、文化的に偉大な働きをして居れば、その国語が偉大なのである。この見地からすれば、ロシア語も支那語(中国語)も、英語ほど偉大ではない。それを用いている人口の大小は第二義的な条件でしかないのである。(中略)明治維新以来我が国の教育に於て、あれほど英語科が重んぜられて来たのは、英語自体のもつ強みがあるからなのだ。

「ロシア語も支那語も、英語ほど偉大ではない」とは、今なら問題発言だ。日本では「外国語=英語=アメリカ」という刷り込みが強い。だからこそ、英語を教える立場の人はもっと謙虚でありたい。

†小学校でも英語が盛んに

敗戦直後には小学校(一九四六年度までは国民学校)でも盛んに英語が教えられた。たとえば、一九四六(昭和二一)年二月三日の『朝日新聞』は和歌山師範学校附属国民学校(現・

和歌山大学教育学部附属小学校）で復活した英語教育の様子を次のように報じている。

和歌山師範附属国民〔学〕校では戦前五年間に亘《わた》り英語教育を行い好成績をおさめていたが、誤《あやま》てる軍国主義のため一時中断されていたところ終戦とともに復活、新学期から目先だけでなく文化的、平和的な人間を作るため一年生から簡単な会話を教え漸次原書まで読めるよう教育することになった。第一期は会話よりまず耳の訓練、第二期はイソップ物語などの読物をテキストにして子供の興味を盛り教育、大体一週四時間の予定。

図 4-1　櫻庭信之著『小学校新英語読本』（1947）

だが一九四七年の学制改革で小学校の教科に英語が含まれなかったため、小学校での英語教育は急速に下火になっていった。それでも私立小学校や国立大学の附属小学校では英語を教えるところもあった。東京高等師範学校（学制改革後は東京教育大学、現・筑波大学）の附属小学校でも、一九四七年に発行された福原麟太郎監修・櫻庭信之《さくらばのぶゆき》著『小学校新英語読本』(研究社、図4-1)などを使って英語を熱心に教えていた。しかし、広島大学教育学部英語教育研究室のアンケート調査(一九五七)への回答によれば、同校は「小学校で三カ年実施しても、中学では一年生の一学期くらい保つ程度で、あまり効果がないという反省が多かったので」英語教育を廃止した。櫻庭のような優秀な教師が教えた同校でさえ、小学校の英語教育は「あまり効果がない」という総括は、重い問題を投げかけている。

ＧＨＱの間接統治下にあった日本本土(内地)とは異なり、アメリカ軍の直接統治下に置かれた沖縄では、初等学校(一九五二年に小学校に改称)で英語が必修科目とされた。米軍は英語を学ばせることで県民の親米感情を高め、沖縄統治を円滑に進めようとしたのだった。

アメリカ軍政府(一九四六年四月に沖縄民政府と改称)の教育行政機関である沖縄文教部は、一九四六(昭和二一)年四月に英語を正式教科として初等学校の一年生から教え、一〜四年生で週一時間、五〜六年生で二時間と定めた。同年九月六日の通達では一〜四年生の英語を週二時間に増やすよう求め、さらに一九四九年三月には一〜三年生は週二〜三時間、四年生以上は週三〜四時間に増やすとした。沖縄の小学校での英語教育は、教師たちの抵抗もあり、一九五四年度で終了した。

小学校から英語を教えろと言われても、沖縄は地上戦で学校も印刷所も焼かれていた。そのため、当初は教師に配られた粗末なプリントだけで授業が行われたが、一九四九年になって手書き・謄写版（ガリ版）刷の英語教科書が作成された。現在、低学年用の『英語のエホン』、高学年用の『English-book 英語読本1・2』、『*Let's Learn English* 初等学校用』が確認されている。これらの教科書は各学校に一冊ほどしか配付できなかったため、それを教師たちは筆写・ガリ版印刷し、複製本を作成して教えた。

このうち『English-book 英語読本　初等学校用』（二分冊、各二七頁）は、一九四九年に文教部が発行した最初の英語教科書で、内容は児童の学校生活、沖縄の人名・地名・文化、米軍占領下の社会を反映したものが多く、乗り物ではjeep、建物ではtentやquonset（米軍のカマボコ形兵舎）などが登場する。なお、この教科書は石川市（現・うるま市）の宮森小学校で使用された記録があるが、同校には一九五九年に米軍のジェット戦闘機が墜落し、児童一一人を含む一七人が死亡、二一〇人が重軽傷を負った。小学校から英語を教えれば県民が親米になるほど沖縄は甘くない。

これらのガリ版刷り教科書は沖縄の過酷な戦後教育史を語る第一級資料なので、私は村《む》田《ら》典《た》枝《のりえ》・元沖縄キリスト教学院大学教授の協力を得て『英語教育史重要文献集成』第一五巻（ゆまに書房、二〇一九）で復刻した。沖縄の人たちの苦難の歴史を知るためにも、ぜひご覧いただきたい。その上で、小学校で英語を教える意味を問い直したい。

苦労して実施した沖縄の小学校英語教育だが、教育効果はあったのだろうか。少なくとも、小学校から英語を習った沖縄県民の英語力が他県民より高まったというデータは存在しないようだ。

†義務教育化する中学校英語

「英語は、先生手書きの青い謄写版刷りのプリントによる授業だったが、そこに展開する中身のみずみずしい豊かさは、現今のどんなに豪華な極彩色《ごくさいしき》の教科書も到底及ばないほどのものがあった」。戦後直後に祐本寿男（前述）に英語を習った近藤一彦の回想だ。戦争に負けたから英語をやらされると思っていた生徒たちも、やがて英語の面白さに目覚めていった。

祐本は一九四九（昭和二四）年頃の授業の様子をこう記している。「一年の終には既習単語のみになる英語劇を演出上演した。各課は必ず劇化して「オール・スター・キャスト」と銘打った」「誠に生徒も教師も熱病につかれたように英語を楽しんだ時代であった」（『英語教育』一九五六年一月号）。

英語と日本人の関係にとって、一九四〇年代は天国と地獄を味わう時代だった。英語の授業時間数の変化を見ると、まさに激変した。記録が残っている旧制富山県立富山中学校(現・県立富山高校)の場合、戦時中の一九四四年と四五年は各学年とも週四時間を配当していたが、そのままの実施は無理だった。四五年は三年生以上が通年工場出勤となった。それでも「四月一日から全く授業を停止したわけではなく、教育現場においてはむしろ教師らは最大限に授業ととりくんでおり、土曜の午後や日曜にも出来るだけ授業が行われた」。戦争が終わり一九四六年度になると、英語の週時数は各学年四—五—六—六—八に急増した(『富中富高百年史』)。公立中学校で週八時間も英語に割いていたのは驚きだ。国史や修身の授業が中止された影響もあろうが、戦時中の教育法令が機能しなかったこの時期には、各学校の裁量権が大きかった。

新制中学校生徒用の「虎の巻」(教科書準拠の参考書)にすら、新時代における英語学習の崇高な意義が語られていた。新教育研究会編『ザ・ゲイト・ツゥ・ザ・ワールド自習書』(一九四九)には「最近までは、誤った指導者のために(中略)他国の優秀さに目を向けなかったのでした。いいかえれば余りにも思い上がっていたのでした」と反省の弁が記されている。「しかし今日ではそうであってはなりません。私たちは英語を学び、大いに外国に学ばねばならないのです」と生徒を鼓舞している。

それでも、戦時下で失われた学力を回復するのは容易ではなかった。特に選択科目だった英語は当初は高校入試に出題されなかったこともあり、成績が振るわなかった。新制富山高校の一九五〇年度新入生の学力検査によると、英語が極端に悪く、一〇点満点で普通科二・六点と、数学の六・二点を大きく下回った。鹿児島県では公立高校合格者全員に英語テストを実施したが、県指導課は「他教科とくらべてきわめて出来が悪かった。これは選択教科である英語科を中学校で軽視して努力を怠っているからであろう」と総括している(『南日本新聞』一九五五年四月二〇日)。

この状況を打開すべく、富山県では高校側が一九五一年度の半ばに高校入試の必須科目に英語を加えるよう陳情したが、これに対して中学校側は大反対した。けっきょく富山県は一九五三年度入試から英語を選択科目として出題するようになり、後に必修科目とした。このような動きは年々拡大し、一九六一年にはすべての都道府県が高校入試に英語を課すに至った(河村二〇一〇)。かくして英語は一九六〇年代には事実上の必修教科となり、受験のために英語を学ぶ中学生が増えた。

他方で、中学校の英語義務教育化の流れを疑問視する意見も少なくなかった。評論家の加藤周一《かとうしゆういち》は「信州の旅から——英語の義務教育化に対する疑問」(『世界』一九五五年一二月号)で、生徒全員に「英語教育を事実上強制するということは、私には正気の沙汰と思えない」と批判した。彼の主張は、時間と労力の割には役に立たないという英語の実用性に力点を置いたものだった。加藤は英語を義務化するよりも、むしろ国語や社会科の教育を強化することで政治意識を高め、戦後民主主義を担う主権者を育成すべきだと主張したのである。戦後を代表するリベラリストだった加藤らしい意見だ。

だが、生徒も保護者も英語義務教育化のほうに流れた。英語が入試に出題される限り、当然だといえよう。実態を追認する形で、文部科学省は一九九八年に中学校、翌年に高校の外国語（原則として英語）を必修科目とした。

2 英語教師を再教育せよ

†教科書に墨を塗らせた教師たち

一九四五（昭和二〇）年の秋から再開された英語の授業だが、教科書は戦時中に発行された准国定の『英語』（中学用と高等女学校用）などを使わざるをえなかった。ところが、至るところに軍人や兵器が登場するので、こうした軍国主義教育の痕跡を隠す必要があった。民主主義教育の実施状況を確かめるために、米兵が予告もなしにジープで学校に乗り付けて来るからだ。

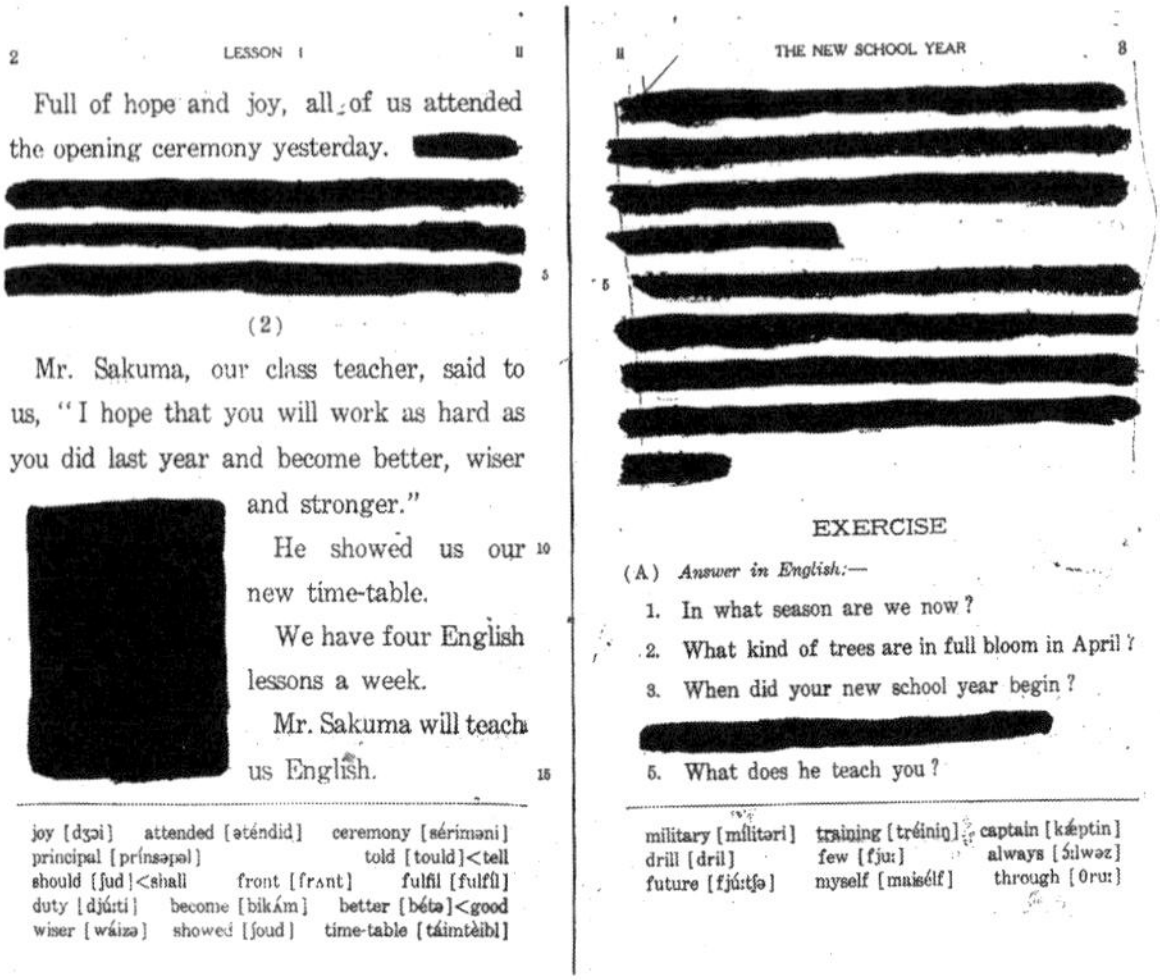

2 LESSON I II

Full of hope and joy, all of us attended the opening ceremony yesterday. [redacted]

(2)

Mr. Sakuma, our class teacher, said to us, "I hope that you will work as hard as you did last year and become better, wiser [redacted] and stronger."

He showed us our new time-table.

We have four English lessons a week.

Mr. Sakuma will teach us English.

joy [dʒɔi] attended [əténdid] ceremony [sérimәni] principal [prínsəpəl] told [tould]<tell should [ʃud]<shall front [frʌnt] fulfil [fulfíl] duty [djúːti] become [bikʌ́m] better [bétə]<good wiser [wáizə] showed [ʃoud] time-table [táimtèibl]

II THE NEW SCHOOL YEAR 3

[redacted]

EXERCISE

(A) *Answer in English:—*

1. In what season are we now?
2. What kind of trees are in full bloom in April?
3. When did your new school year begin?

[redacted]

5. What does he teach you?

military [mílitəri] training [tréiniŋ] captain [kǽptin] drill [dril] few [fjuː] always [ɔ́ːlwəz] future [fjúːtʃə] myself [maisélf] through [θruː]

図4-2　敗戦直後の「墨ぬり英語教科書」

そのため教師らは応急措置として、戦争、植民地、戦意高揚などに関する教材に墨《すみ》を塗る、紙を貼る、切り取るなどの方法で削除を命じた（図4－2）。不都合な真実を隠蔽させたのだ。翌一九四六年度用には、新聞用紙に印刷された粗末な改訂版が暫定教科書として配付された。

私が所蔵する『英語』（中学二年生用）を見ると、たとえば次のような文が墨ぬりされていた。"My parents always say that all Japanese boys are to become brave and strong soldiers in future. So I will try to do my best to train myself through military training."（両親はいつも、日本男児は将来みな勇敢で強い兵士になれと言います。そこで、僕は軍事教練を通じて精一杯、

自分を鍛錬したいと思います）。

中学生の日記教材も削除の対象だった。“On my way home from school I met a troop of soldiers marching along the streets. I wished to be one of such brave soldiers.”（下校途中、通りを行進する兵隊の一団に出くわした。あんな勇ましい兵隊になりたいと思った）。

これらは明らかに軍国主義的だと見なせるので、削除される理由はわかる。だが、どこを削除するかは教師によって異なった。たとえば手もとの『英語』（高等女学校二年用）では、“In Tokyo there are the Imperial Palace, the Meiji Shrine and the Yasukuni Shrine.” の下線部（明治神宮と靖国神社）が墨塗りされているものもあれば、そのままのものもある。一九四六年度用の暫定教科書では“In Tokyo there are the Imperial Palace, the Museum and many famous parks.”（博物館と多数の有名な公園）に修正されている。GHQが国家神道に関わる教育を禁じたためだろう。ただしImperial Palace（皇居）は許されている。天皇の戦争責任が免責されたことと関係しているかもしれない。なお、戦後版の暫定教科書ではManchoukuo（満洲国）や戦時中の同盟国GermanやItalyが削除され、NipponがJapanに改められている。

アメリカ占領下で英語教科書の内容は一変する。新制中学校の英語教科書で圧倒的な人気を誇ったのが *Jack and Betty* シリーズ（初版一九四八）で、アメリカ白人中産階級の豊か

図4-3　*Jack and Betty* 初版（1948）

な日常生活を描くことに徹した親米教科書だった。表紙には米国人の男女が手をつなぐ姿が描かれ、男女共学という戦後民主主義教育の理念が可視化されている（図4―3）。

以上のことからわかるように、文法・語法などの言語材料は同じでも、軍事教練や米国人の生活といった題材を変えるとテキストが含むイデオロギーが一変してしまう。この点は、英語を学ぶ上でも教える上でも自覚しておきたい。

なによりも、国策を教育に押し付けるのは危険だ。二〇一四年、第二次安倍内閣は教科書検定基準を改め、「閣議決定その他の方法により示された政府の統一的な見解や最高裁判所の判例がある場合には、それらに基づいた記述がされていることを定める」とした。教科書の記述は閣議決定、つまりその時々の内閣の指示に従えというのだ。これでは再び教科書に墨を塗らされる日が来るかもしれない。

†英語教師が足りない！

一九四七（昭和二二）年四月、だれもが英語を学べる制度がスタートした。生徒数四三二万人の新制中学校が発足したのだ。だが舞台裏は大変だった。新学期が始まるというのに、なんと三月二四日の文部省の「学校教育法施行規則案」には「外国語」が入っていなかった。義務教育化で爆発的に増える中学生に対して、英語教員の確保が追いつかないなどが理由だ。

しかし、結局はアメリカ側の強い圧力で外国語（実質は英語）を教えることになった。アメリカ軍は戦争中の一九四四年三月、占領政策の一環として日本のすべての学校で英語を教える計画を立てており、その方針は戦後の対日教育政策でも貫かれたのである（広川二〇二二）。

新制中学校が始まると、文部省の心配が的中した。英語教員が絶望的に足りなかったのだ。一九四七年四月三〇日時点での教員の不足率は英語が最も深刻で、三〇％にも達していた。しかも英語の教員免許を持つ者は約一割にすぎず、他教科の教員や戦争で職を失った人などをかき集めて急場をしのいだ。

前述の祐本寿男によれば、ある中学校での英語研究会では「親睦のため、自己紹介を」

という発言が残酷な結果を招いた。どの教師も一様に「実は私は英語が専門ではありませんので……」と、罪人のように首をうなだれた。当時はsometimesを「ソメチメス」、11と12をten-one, ten-twoと教えた「英誤」教師もいた。

これではいかんと奮起し、朝六時から放送されるNHKラジオの「基礎英語」で勉強する教師も多かった。番組の講師だった小《お》川《がわ》芳男《よしお》（東京外国語大学教授）は「基礎英語放送の聴取者の大多数は子供（主として新制中学校の生徒）及び中学校の英語教師である」と述べている（『語学教育』一九五六年五月号）。小川はまた、次のようなエピソードを紹介している。「ある田舎の学校では放送や、語学レコードを生徒がきくことを喜ばない教師がいる」。なぜか？「それは、あまり正しい発音を生徒がきくと、教師のあまり正しくない発音と比較されて、教師の権威が落ちるというのである」。わからなくはない。

他方で、少数ながら、まったく別世界のような中学校もあった。ミッション系の西南女学院中学・高校で一九四八～五四年の六年間学んだ直塚玲子の回想を見てみよう（『西南女学院六十年の歩み』）。中学校で英会話を教わったランカスター先生の発音は厳しく、正しく発音できるまで何度でも練習させられた。「一時間中、英語の洪水に浸った授業を、三年間受けると、英語に対する耳も慣れてくる。（中略）私は、英語らしい発音を習得するとともに、英語を日本語に訳さずに、そのままの形で理解しようとする態度と、その基礎的力を身につけることができた」。そこまではよかった。問題はそのあとだ。

ところが、高校に入学すると、ことはそう簡単ではなかった。リーダーの授業では、かなり内容の濃いものを読んでいたので、英会話の授業が、なんとも味気ない。英語の聴き取りにも慣れた知的好奇心旺盛な高校生にとって、テキストなしで簡単な英文を繰り返したり、質問に答えるタイプの授業は、退屈である。私一人が不満を抱いているのかと思ったが、そうではない、級友も同意見である。

ここには、今日のコミュニケーション重視の英語教育を考える上で重要なことが書かれている。精神年齢が高くなると内容が貧弱な英会話では知的好奇心が満たされず、退屈してしまうのだ。さりとて国際政治を論じるような内容の濃い会話をしようとすると、今度は英語力がついていかない。精神年齢の高さと英語力の低さ。このギャップをどう埋めるかは英語教育の難問だ。もちろん深い内容を易しい英語で話すのが理想なのだが。

では直塚たち生徒はどうしたか。続きを読んでみよう。

そこで、みんなと相談した結果、英会話の授業内容を変えてもらうか、思い切って英会話の授業をやめて、リーダーの授業に切りかえてもらうよう、交渉することになった。

戦後民主義と自治の精神にあふれた、この時代の高校生らしい。結果的に、彼女らの要求は叶えられなかった。だが、この体験が直塚の英語教育観の原点となった。彼女はのちに英語教師となり、大阪府科学教育センター（現・大阪府教育センター）では英米人教師を指導する立場に立った。直塚は「英会話の中身が問われる時代である」「彼等〔外国人教師〕の持ち味を生かし、かつ日本の国情に合った英語教育をつくりあげていくのが、私の仕事である」と述べている。直塚は『欧米人が沈黙するとき——異文化間のコミュニケーション』（大修館書店、一九八〇）という名著を残した。

このように、戦後の英語教育は様々な葛藤と悲喜劇を伴いながら、カオスの中から出発したのである。新制中学校の英語教師は、たしかに正規の教育を受けていない人が大多数だった。だが人生経験が豊富で豪快な気質をもった人が多く、この人たちが中心になって英語教育の自主的な研究会を組織して研鑽を積んでいった。

全国英語教育学会会長を務めた鳥居《とりい》次好《つぎよし》（静岡大学教授）は指摘する。「当時と今日の英語教師を比較すると、今日の英語教師は会話や指導技術においては優れているが、一般に人物が小柄になり、外国語教師としての見識も低く、教師としての魅力を欠く傾向があるように思われる」（『英語教育』一九七五年八月増刊号）。なんとも厳しいが、私もうなずいてしまった。ただし、これは英語教員養成に従事してきた私たちの責任でもあり、時代背景の違いのせいでもある。

教師たちが自前で作り上げてきた各地の英語教育組織を束ねて、一九五〇（昭和二五）年一二月に全国英語教育研究団体連合会（全英連）が結成された。その頃になると、新制大学や短大を卒業した有資格教員が教壇に立つようになった。「よかった、これでもう英語教育は安泰だ」と言えればよいのだが、教師を育てるのはそう簡単ではない。

†現職教員の力量を高めよ

教育を通じて民主主義を日本に根づかせるために、新たに教員の再教育が行われ、軍国主義が払い落とされた。教員の資質向上のための研修も盛んに行われた。一九四八（昭和二三）年四月に新制高等学校が発足すると、七月には文部省主催の新制高等学校英語科指導者講習会が東京で開催され、全国都道府県より選抜された英語教員約四〇名が参加した。日米の一流の講師陣が、アメリカ発音の指導法、スピーチとしての英語指導、英文学の取り扱い方、新しい評価方法などについて指導し、都立第九高校（現・都立北園高校）の研究授業も行われた。

一九五〇年には無資格教員に正規の教員免許を取得させるための免許法認定講習も始まった。土日や夏休みをつぶしての過酷な認定講習を、受講者は「忍耐講習」、講師は「ワイシャツ講習」と呼んだ。後者は講師給がワイシャツ一枚をやっと買える程度の薄給だったからだ。二〇〇九年に開始された教員免許更新講習でも、教員は受講料を支払い、休日を返上して受講したが、効果が乏しい上に多忙化を招くとの批判を受け、二〇二二年に廃止された。教員が自主的な研修を受けられる財政支援と時間的ゆとりこそが必要であろう。

教育関係者向けの最も大規模な講習会は、GHQの支援を受け、文部省と各地の大学の共催で一九四八〜五二年に実施された「教育長等講習」（一九五〇年度からは「教育指導者講習」）である。受講者は全体で一万人を超えた。

このうち、英語科教育の講習は一九五二年一一月一七日から六週間にわたって東京教育大学で開催され、講師陣は同大学英語研究室の関係者が中心となった。当初の対象は各大学の「教科教育法」の担当者だったが、実際には四四人の参加者のうち約六割が中学・高校の教員と教育委員会の指導主事だった。こうした現場教員の参加こそが、理論と実践を往還する教科教育法および英語教育学の確立にとって重要だった。

文部省主催とはいえ、現在のような上意下達の伝達講習ではない。受講生同士が議長や副議長などを選出し、参加者の主体性と自治を重んじた民主的な運営だった。講習の成果を集約した『第9回後期　教育指導者講習研究集録　英語科教育』（謄写刷、全二九二頁）が一九五二年一二月末に刊行され、戦後における体系的な英語科教育法、さらには英語教育学研究の先駆けとなった。「はしがき」には、英語教育の「科学的方法の確立に向って、我々はこの未開の分野を開拓していかなければならない」との決意が表明されている。この貴重でレアな資料も『英語教育史重要文献集成』第九巻（ゆまに書房、二〇一八）で復刻したのでご覧いただきたい。

この講習から一〇年後の一九六二年に大学英語教育学会が発足する。一九七〇年からは中高の教員を含む英語教育学会が各地域に設立され、それらを束ねた全国英語教育学会も一九七五年に発足した。こうして英語教育学の学問的水準が高まっていく。

†テント村で英語教員養成

沖縄での英語教員養成は本土よりもはるかに過酷だった。激烈な地上戦で県民の四人に一人が戦死した沖縄では、多くの教員や師範学校の生徒も戦死してしまった。しかも米軍の命令で小学校一年生から英語を教えなければならないため、英語教師が極端に不足していた。

そこで沖縄文教部は一九四六（昭和二一）年一月に沖縄文教学校を現在のうるま市に設

立し、英語の教員や通訳・翻訳者の養成を行った。文教学校は師範部・外語部・農林部の三部制でスタートしたが、外語部は同年七月に沖縄外国語学校として分離独立した。文教学校一期生の修業期間はわずか三カ月、二期生は四カ月で、ほかに現職教員向けの初等学校英語教員訓練科なども並置した。いかに教員養成を急いでいたかがわかる。

一九四七年には沖縄外国語学校に本科を、翌年には中等教員養成科（各一年制）を増設して中学校・高校の英語教員を養成した。こうした速成的な教員養成は一九五〇年五月の琉球大学開学まで続き、その英語科には外国語学校の本科と養成科を修了した四六人が編入した。

図 4-4　テント村のような学生寮（『燃える青春群像』より）

文教学校や外国語学校の教室は米軍が利用していたトタン張りのカマボコ型兵舎、寮は野戦用テントだった。当時の写真を見ると、学校というより野営のテント村のようだ（図4-4）。

建物だけではない、極度の食料不足やマラリアに悩まされ、まともな教科書や辞書もほ

とんどなかった。それでも生徒たちは「死んだ仲間の分まで頑張る」との意気込みで、米軍の英和辞典を仲間と書き写し、石油ランプの煤《すす》で鼻の穴を真っ黒にしながら深夜まで猛勉強に励んだ。米兵が廃棄した新聞雑誌や兵士用教本などを手当たり次第に読んで学ぶ生徒もいた（琉球新報編集局編『燃える青春群像』）。

　アメリカ留学や高等教育への進学の可能性も徐々に開けていく。外国語学校本科一期生の伊芸諒寛《いげいりようかん》は「英語がわかれば本が読める。英語を勉強すればきっと道が開ける」との思いで、一九四八年三月に初めて実施された米国留学生試験を受験。約五〇倍の難関を突破して留学を果たし、のちに琉球大学教授となった。

　日本本土へはパスポートが必要だったが、本科一期生の大田《おおた》昌秀《まさひで》も日本とアメリカの留学試験に合格し、早稲田大学に留学。在学中に米国のシラキュース大学・大学院に留学し、琉球大学教授を経て一九九〇年に沖縄県知事となった。英語の猛勉強によってアメリカ留学を果たした大田は、アメリカ軍基地の返還・縮小のために闘ったのである。

　だがアメリカ側もしたたかだ。支配拠点を沖縄の軍事基地の中だけでなく、日本人の心の中に築く戦略をとった。それは、日本人を親米化するために英語とアメリカ文化を普及させることだった。

3　アメリカの戦略と経済界の要望

†日本人を親米化するアメリカ

GHQは日本人を親米化する政策を意識的に進めた。敗戦直後の日本は極端な食糧難で、「一千万人餓死説」が出ていた。その中での米軍による一九四六（昭和二一）年の七〇万トンの食糧援助は日本人を歓喜させ、各地の議会が米軍への感謝決議を挙げた。実はこうした援助はアメリカの世界戦略および食糧戦略の一環であり、学校給食で普及したパン食によって日本はアメリカの小麦市場となった。

日本人の親米感情は高まった。一九四九年の時事通信社による世論調査では、日本人が「もっとも好きな国」はアメリカがダントツ一位の六二％で、二位イギリスの四％を大きく引き離していた。逆に「もっとも嫌いな国」はソビエト連邦の五三％で、アメリカが「嫌い」は一％だった。その意味でアメリカの占領政策は成功したといえよう。

しかし日本は一九五二年に独立し、アメリカの手を離れる。東西冷戦体制の下で、アメリカは引き続き日本を自国の陣営につなぎ止めておきたかった。地政学的に見て、日本はソ連・中国・北朝鮮などの社会主義陣営に対する「不沈空母《ふちんくうぼ》」の役割を果たすからだ。

そのためにアメリカがとった戦略は、引き続き日本人をアメリカ大好き人間のままにしておき、日本がアメリカに半永久的に依存せざるをえない構造を作ることだった。その一つが「ハード・パワー戦略」で、日米安全保障条約によって沖縄や日本各地に米軍基地を張りめぐらし、軍事的・政治的・経済的にも緊密な関係を結んだ。もう一つが「ソフト・パワー戦略」で、英語教育の振興や文化交流などによって、日本人を親米国民に育てることだった。

アメリカ政府は日本の英語教育を振興させるために、ロックフェラー財団やフォード財団などからの豊富な資金援助と、日本経済界からの支援を求めた。対日講和使節団の文化顧問だった大富豪ロックフェラー三世は、対日文化工作のための機密報告書（一九五一）で五つの提案を行った。その一つが「徹底した英語教育プログラムの実施」だった。

報告書は「日本人は生活のあらゆる部分において、英語の学習を受け入れる傾向があるので、英語教育の分野には潜在的に大きな可能性が認められる」と分析している。日本人の特性が見透かされていたわけだ。それをふまえ、アメリカ文化紹介の施設設置や、英語教育専門家の日本派遣などを提案し、実現させている。その狙いは「表向きは英語教育法の改善を手助けすることであるが、実際には、健全なアメリカの理念を日本社会に浸透させる」ことだった（松田二〇〇八）。

一連の活動の一環として、日米財界の資金援助で一九五六年七月に日本英語教育研究委員会（第一次ＥＬＥＣ〔エレック〕）が設立され、一九六三年から英語教育協議会（第二次ＥＬＥＣ）に改称された。設立直後の九月にＥＬＥＣはアメリカからフリーズとトワデル、イギリスからホーンビーを招いて英語教育専門家会議を開催し、英語教育改革案を策定した。

改革案に従い、ＥＬＥＣは一九五七年から「ＥＬＥＣ夏期講習会」（のちに英語教育研修会）を開催した。その目標は現職教員の英語運用力の強化と、オーラル・アプローチを中心とした音声指導の啓蒙と普及だった。一連の活動を通じて、フリーズが提唱するオーラル・アプローチは一九六〇年代まで英語教育改革の代名詞として浸透した。とりわけ、I like dogs.→I like cats.→She likes cats. などのように例文の一部を入れ替えて繰り返し練習するパターン・プラクティスは全国的に大流行した。一時は「学校の廊下を歩くとパターン、パターンと音がする」などと揶揄《やゆ》されるほどだった。しかし、一九六〇年代後半にチョムスキーの生成文法が流行すると、あっという間に廃れてしまった。やはり日本人は熱しやすく冷めやすい。

とはいえ、外国語学習にとってパターン練習は基本であり、流行に左右されるものではない。実際に、パターン・プラクティスの手法を取り入れた英会話書が現在までロングセラーとなっている。ウイリアム・クラークの『アメリカ口語教本』（研究社出版、一九五九〜六一初版）だ。入門用から上級用まで四段階に分けられ、膨大な口語表現をくり返して覚えることで会話力を身につけるというもの。奇をてらわず王道を行く教本だといえよう。改訂を重ね、約六〇年間におよぶシリーズの累計部数は五〇〇万部を突破している。外国語を極めるには、安易に流行に左右されることなく、愚直なまでに練習を重ねるしかない。そのことを示している本ではないだろうか。

ただし、機械的な反復を無批判に続けているうちに、脳内までアメリカナイズされてしまう危うさもある。英語がしゃべれるだけでは仕事にならない。専門的な知識や技能を獲得する時間と、英語に割く時間とのバランスを考えるしかない。大事なことは話す内容なのだ。

その一例として、ミャンマー出身のウ・タント国連事務総長（一九六一〜七一在任）の英語演説をとりあげよう。演説を聴いた入江《いりえ》勇起男《ゆきお》（東京教育大学教授）は、発音のマズさには驚いたが、アメリカのベトナム侵略を厳しく批判する内容と「人の良心に訴えずにはおかない熱弁」に感動したという。それをふまえて、日本の英語教育は発音や語法などのスキルを磨くだけではなく、「日本人の健康な民主主義精神を培い、国際的にも民主主義に生き抜き、世界を真の平和に導き得るような国民の育成に役立てたいものと思う」と述べている（『英語教育』一九六七年一一月号）。このことは、特定のイデオロギーにもとづくソフト・パワーを解毒するためにも大切だといえよう。

†英語教育改革を求める経済界

日本はアメリカと軍事同盟を結ぶことを条件に、一九五二（昭和二七）年に一応の独立を果たした。日本の経済界は朝鮮戦争（一九五〇〜五三）での特需を契機に、高度経済成長の軌道に乗り始めた。すると、英語教育界に対しても人材育成の要望を出すようになる。

語学教育研究所の求めに応え、日本経営者団体連盟（日経連）は一九五五年一〇月に「新制大学卒業者の英語学力に対する産業界の希望」を提出した。概要は次の六点である（『語学教育』一九五六年一月号）。

（1）新制大学の語学力が低下しており、その向上（特に基礎学力の充実）に努力してほしい。
（2）大学では語学と専門知識とを結びつけた教育をしてほしい。
（3）就職後に一応の外国文献（特に技術系）を読みこなせる語学の素養を与えてほしい。
（4）国際的接触の機会が多くなるので、会話力をつける機会を与えてほしい。

（5）就職後も語学を絶えず勉強・研究する習慣・態度を大学時代につけてほしい。
（6）語学教育は中学・高校・大学と一貫性をもたせ、特に高校は再検討を要する。

このように、近年の財界とは違い、戦後最初の経済界の「希望」は低姿勢で、表現もマイルドだった。それでも、その内容は大学の英語教員に深刻な問題を投げかけた。当時の多くの英語教員は英文科の出身だったので、（2）の「語学と専門知識とを結びつけた教育」、たとえば経営学の原書を使った英語授業や、（3）の科学技術の外国文献を使う授業は困難で、さらに（4）の会話力をつけることも怪しかった。

この日経連の要望書をめぐって、大学の英語教育関係者の間で論争が起こった（川澄一九七八）。一方は、大学の教養課程（二年次まで）の英語の授業では主にシェークスピアやモームなどの英米文学ばかりが読まされるが、それでは専門課程での物理学や政治学の専門書に対応できないと批判した。他方は、英文学とその発生の母胎である英国文化は学生の精神鍛錬に最適だから、英文学中心の授業は極めて自然のことだと反論した。みなさんはどう思われるだろうか。

文部省も英語教育改革に関して本格的に動き始めた。一九六〇年四月、英語教育改善協議会（市河三喜会長）に「中学校および高等学校における英語教育の改善について」を諮問《しもん》した。これに対し、協議会は同年一二月に次のような答申を行った。

(1) 英語教育の目的は、国際的視野に立つ広い心をもった人間を形成するとともに、英語の理解能力と表現能力を獲得させることである。
(2) 教材は現代の生きた英語を主体とし、英語を聞いたり話したりする能力を高めるため、視聴覚教材を活用する。
(3) 英語教員の指導能力、特に表現能力を高めるために、英語教員免許の必要単位数のうち「英文学」を八単位から六単位に減らし、「会話及び作文」四単位を独立させる。
(4) 英語教員の聞く能力・話す能力を強化する現職教育を、全国的に早急かつ継続的に実施し、それに必要な財政的措置を講ずる。
(5) (付帯意見) 入試においては英語を聞き、話し、書くなどの能力が判定できるような問題を出題すべきである。

このように、古典的な英文学よりも「現代の生きた英語」を聞き・話す能力の育成を強調し、そのために免許法の改正、教師の研修、入試改革を提言した。今日まで続くコミュニケーション重視策といえよう。この答申にもとづき、文部省は一九六一年から五年間、中学校四〇%、高校二五%の英語教員を対象に、リスニングとスピーキングに重点を置いた指導力向上のための講習会を開催した。

市河は東京帝大英文学科の主任教授だったが、答申では英語教員免許に必要な英文学の単位数を削減する方針を打ち出した。この一件が象徴するように、この時期、英文学科のあり方が問い直されるようになった。

†英文学と英文学科は絶滅危惧種?

答申が出された直後の一九六一(昭和三六)年に、大学英文学科のあり方をめぐる議論が起こった。戦前は英文学科の卒業生は多くが教師か学者になったが、戦後は英文学科の数が増え、しかも高度経済成長で文学部出身者もどんどん民間企業に就職するようになった。そのため、古典的な文学作品を精読するだけの浮世ばなれした授業ではダメだという声が強まった。

文明国への昇格を目指していた明治時代には、文明人のモデルだった英国人の生き方を学ぶために英文学が必須だった。しかし、その大英帝国は没落し、日本がGNPで追い抜くまでになった。何を今さら英文学か。もっと実社会で役に立つ英語が必要ではないか。

こうした考えが、経済界のみならず一般の人々の間にも広がっていった。

そんな時代を象徴する本が英文学科論争と同じ一九六一年に出た。岩田一男『英語に強くなる本』で、発売三カ月で一〇〇万部を超す大ベストセラーとなった。その副題は「教室では学べない秘法の公開」で、学校英語に不満を抱く人々が思わず手に取りたくなる。書き出しはこうだ。

「トイレにはいっていて、外からノックされたとします。「はいっています」――これを英語で何というでしょうか」

おわかりだろうか？　たしかに、学校ではこんな口語表現は教えない。岩田は続ける。「長い間、英語を習ったのに、こんなやさしいことが表現できないとは、実に悲しいことです」。

思わず「そうだ、そうだ！」と喝采を送った人も多かったことだろう。「なにがThis is a pen.だ。見ればわかるだろ！　何年も英語をやったのに使えないのは、先生の教え方が悪いからだ」という責任転嫁は、英語へのトラウマを癒してくれる。

さて、先ほどの問題の解答は"Someone in."だそうだ。こんな英語を知らなくても、中からノックを返せば済むことだが。

一九六四年の東京オリンピックも開催が決まり、「各地の英会話学校は大入り満員の盛況である」と『サンデー毎日』一九六一年九月一〇日号「Why? この英語ブーム」は伝えている。

社会の変化にともなって英語を学ぶ意味が変わり、それに応じて大学の英文学科も変わる必要がある。そんな意見が出るようになったのも必然だろう。東京教育大学教授で英文学者の福原麟太郎《ふくはらりんたろう》は「今の英文科の組織は余りに専攻学科を守りすぎ、学究的でありすぎる」と問題提起した（『英語青年』一九六一年一二月号）。

これに「全く同感」と応じたのが東京大学文学部長で英語学者の中島文雄《なかじまふみお》だった。彼は就職に有利だから英文学科に入るという学生が増えているのが現実なのだから、時代に合うよう文学部全体を改革し、専門家の養成は大学院に委ねるべきだと主張した。

で、その後の結果はどうなったか。大学の外国語教育は一九九一年に大改革がなされた。文部省が大学設置基準を緩和したことで基礎教育担当の教養部が解体され、外国語教育（特に第二外国語）の軽減が可能になったのだ。教養部の語学教師は工学部、経営学部などの学部に配属され、日経連が一九五五年に要望していた「語学と専門知識とを結びつけた教育」を担うようになった。

私自身、マグロの養殖で有名な某私立大学生物理工学部の英語を担当したことがある。科目名は「理系英語」であり、テキストの内容も海洋生態系や小惑星探査など科学技術に関するものだった。機械工学科を卒業した私には楽しかったが、学生を早い段階から狭い専門分野に閉じ込めるのは危険だとも感じた。

一九八〇年代以降には、英文学科の改編や廃止も劇的に進み、国際文化学科や英語コミュニケーション学科などへの名称変更が相次いだ。

大学の教科書からも文学が消えていった。『大学英語教科書目録』で数えると、英米文学の小説は一九八〇年代までは一〇〇〇点を超えていたが、一九九八年度には七四〇点にまで下がった。その多くが古い教科書の在庫だ。一九九八年度の新刊書に絞ると、一七四点のうち文学系はたった六点（三・四％）で、一冊も発行しなかった出版社が一七社中一二社（七一％）もあった。文学教材は絶滅危惧種なのである（江利川二〇〇八）。入試問題も同じだ。旺文社の『全国大学入試問題正解』二〇〇三年度版によれば、読解問題では論説文が六七・六％、物語・小説はわずか六・六％にすぎない。入試に出なければ、まず学ばない。

大学英語教員の構成をみても英文学系の凋落が著しい。大学英語教育学会の「大学英語教育の担い手に関する総合的研究」（二〇一八）によれば、大学英語教員の専門のうち「英語圏文学・英語文学」の割合は二〇〇三年度の二七・四％から二〇一七年度の八・六％へと三分の一以下に激減した。「言語学・英語学」も二三・五％から一五・六％に下落している。他方で、「英語教育学・応用言語学」の割合は三四・九％から六二・八％へと倍増に近い。「大学の英語教員＝英文学系出身」という構図が崩壊していることは明らかだ。戦前は英語を学ぶことと英文学を学ぶことはほぼイコールだった。しかし、戦後は英語の学びが多様化していった。

4 多様化する英語の学び

†大学受験ラジオ講座

受験生に救世主が現れた。一九五二（昭和二七）年に始まった旺文社《おうぶんしゃ》の「大学受験ラジオ講座」だ。これは「大学受験教育の地域格差を放送を通じて解消していくこと」を理念とし、とりわけ塾や予備校がない地方の受験生や、受験指導に乏しい実業高校生には実にありがたかった。深夜や早朝の放送だったが、番組開始を告げるブラームスの「大学祝典序曲」が流れると、やる気スイッチが入ったものだ。

大学受験ラジオ講座は、旺文社社長の赤尾好夫が設立に関わった日本文化放送協会（現・文化放送）の開局（一九五二年）とともに放送を開始し、やがて全国ネットとなった。

原則として一講座三〇分で毎日二本放送され、一九九五年まで四三年の長きにわたって受験生を助けた。

「大学受験ラジオ講座」の発想は、旺文社の原点となる一九三一年創設の歐文社通信添削会にまでさかのぼる。赤尾は「地方の諸君にも上級の学校に入れるような機会を与えてやれる仕事をしよう」と思い立って通信添削会を立ち上げたのである。山梨県生まれの赤尾ならではの発想だ。その後、受験参考書を中心とした出版活動も好調で、教育産業の大手となる。戦後も一九五〇年に（財）日本英語教育協会を設立して文部省認可の通信添削事業を復活させ、受講者はのべ三〇〇〇万人に達したという。

こうした経歴を持つ赤尾が満を持して始めたのが、大学受験ラジオ講座だった。講師は一流で、英語では岩田一男（一橋大）、西尾孝（早稲田大）、J・B・ハリス（旺文社顧問）、野原三郎（明治大）、佐山栄太郎（東大）などが、英文和訳、和文英訳、英文法、英単語、英語作品研究などを指導した。数学の勝浦捨造《かつうらすてぞう》（東北大）のように、講座の相当部分を割いて受験生の悩みに答え、激励する講師もいた。勝浦の受験生を思う熱い語りには、私もずいぶん励まされた。

受講者の声を聞いてみよう。一九六六年に大阪外国語大学に入学した岐阜県出身の平田京子さんは、次のような合格体験記を寄せている（『大学受験ラジオ講座テキスト』一九六六年六月号)。
英文法は、〔大学受験ラジオ講座の〕テキストと1冊の参考書を何回も読み直し、最後にはわからないとつけていた赤丸もほとんどなくなりました。英作はテキストと学校教材の暗記。英文和訳はテキストに従いました。問題もバラエティーにとみ楽しく、入試問題と焦点がよく合っており、友人が受験した大学に同じような問題が出たそうです。

テキストは実際に入試に出された過去問が中心で、それを一流の講師が講義するわけだから、テキストをこなすだけでも相当な実力がついたようだ。

「大学受験ラジオ講座」は地域格差だけでなく、学校間格差を埋めるためにも貢献した。工業高校から東京教育大学(現・筑波大学)に現役合格した撰梅《よりうめ》正人さんは、学校の授業と教科書が受験向けではないというハンディキャップを克服すべく「人一倍ラジオ講座を重視し」「講座中心主義で、教科書は二の次でした」と述べている(前掲テキスト)。

「大学受験ラジオ講座」は受験生を孤独から救った。前述の平田さんは「受験勉強は孤独だという話をききますが、この講座を聴いていると、学校へ行っても友だちと話題が共通し、楽しい思いもします」と書いている。また、勉強を頑張っている全国の人たちと見えない絆で結ばれていく感覚になるようで、「夜遅く、「この電波を、あの人も、この人もキャッチしてるんだな」と考えると、いっそうの励みになるものです」という。

現在ならインターネットを使ったオンライン講座によって、映像を駆使した指導が可能だろう。しかし、オンラインには危険な利用法もある。アメリカでは教育コストを削減するために、オンラインによるデジタル公設民営学校が急増し、教育格差が拡大している。日本でも、総務大臣などを務めた竹中平蔵《たけなかへいぞう》のように「究極的には通常の知識を教える教師は各教科に全国一人いればよい」と放言する人まで現れた。教育予算をいかに削減するかという新自由主義に毒された人が遠隔授業を考えると、非人間的・反教育的な発想に陥るのである。「放送を通じて地域格差を解消したい」という大学受験ラジオ講座の理念に立ち返りたいものだ。

†テレビ英語講座

ラジオ英語講座の開始は一九二五（大正一四）年。それから三四年後の一九五九（昭和三四）年、NHK教育テレビの放送開始とともにテレビ英語会話番組が始まった。講師は外国人に加えて國弘正雄、田崎清忠《たざききよただ》、羽鳥博愛《はとりひろよし》などが務めた。初期の試行錯誤段階を経て、一九六三年からは初級と中級の二本立てとなった。初級の視聴者数は一九六六年段階で約四六万人と推計されている（日本放送協会編一九七三）。

テレビ英語会話の視聴者はどのような人たちだったのだろうか。一九六七年のアンケート調査（回答数は初級一万六二七〇人、中級七九四八人）によれば、初級では学生が五五・一％と過半数で、俸給生活者（会社員・公務員など）が二八・六％、主婦が七・五％、その他・不明が八・八％だった。中級では学生が四〇・五％に下がり、逆に俸給生活者が四三・一％に増える。主婦は五・四％、その他・不明は一一・〇％である。

注目されるのは視聴の目的で、初級では「趣味や教養のため」が五九％、「学校での勉強の補助として」が二八％、「職業や生活の必要から」が一三％だった。中級では「趣味や教養のため」が五五％とあまり変わらず、逆に「職業や生活の必要から」が二四％と倍近くになっている。それでも全体の四分の一にすぎない。「学校での勉強の補助として」は一八％に減っている。

つまり、テレビで英語会話を学ぼうとする意欲的な人たちですら、その過半数は実用目的ではなく「趣味や教養のため」だった。成人の英会話学習に対する意識や体験を調査した久保田竜子《くぼたりゅうこ》によれば、今日でも社会人が英会話を学ぶ主な目的は「英語が使えるようになる」ことよりは、個人的な楽しみ、向上心の充足、余暇活動、現実逃避、講師への恋愛的憧れ、ボケ防止に至るまで多様で、「学習に付随する社交・逃避などの行動を通して生じる情緒的恩恵が学習を継続させている」という（久保田二〇一八）。

学校の英語教育が読解中心で受験用だったからこそ、もっと気軽な大衆文化としての英語会話に人気が集まったといえよう。この点は現在も変わらない。「使うため」ではなく、「楽しむため」に英語を学ぶ人は多い。ということは、「入試にスピーキングテストを加えるぞ」と脅したならば、気軽に楽しめたはずの英語会話までが重苦しい「受験英語」の一部になってしまい、教養・娯楽としての英語の楽園が消えてしまうのではないか。

なお、民放ラジオで人気を博していた「百万人の英語」（一九五八〜九二）も、一九五九〜六一年には日本教育テレビ（現・テレビ朝日）をキー局にテレビ放映された。日本人講師は早稲田大学教授の五十嵐《いがらし》新次郎《しんじろう》で、和服姿にヒゲを蓄えた自由民権運動の壮士《そうし》のような姿で面白おかしく番組を進めた。とはいえ、英語音声学者だけあって発音は完璧で、なにより優れた教育者だった。五十嵐の教え子である東後《とうご》勝明《かつあき》、田辺洋二、松阪ヒロシらも早大教授となっている。

テレビ英語会話講座の視聴者は「趣味や教養のため」が多かったが、実用的な英語力を求める人たちはさらなる刺激を求めた。自分の実力を示す客観的な指標を欲しがったのである。それが「実用英語技能検定（英検）」だった。

日本人にとって英語は実用的な技能なのか、それとも幅広い教養の一つなのか。この論争は明治期から続けられた（本書第3章）。しかし、公然と「実用」を掲げ、その後の学校英語教育にも絶大な影響を与える試験が産声を上げた。一九六三（昭和三八）年に始まった実用英語技能検定（英検）である。

英検は社会人向け教育の一環として考えられた。一九六一年に文部省の社会教育審議会が、青少年や成人の学習意欲を高めるために、到達目標を明示した技能検定が必要であると文部大臣に答申した。これを受け、一九六三年四月に「実用英語の普及・向上」を目的とした財団法人日本英語検定協会が設立され、同年八月に文部省の後援を得て第一回実用英語技能検定（一級・二級・三級）を実施した。志願者数は三万七六六三人で、合格者は一万五二五九人、平均合格率は四一％だった。

その後、英検は学校教育に浸透してゆく。学校での団体受験制度の導入、準一級など様々な級の追加、受験回数の複数化などにより、一九九四年には年間受験者数が三〇〇万人を突破した。学校で英検を実施すると試験監督などの謝金が支給される。これがけっこうオイシイ。私のかつての勤務校でも英検が年中行事だったが、謝金で英語科の備品や図書を購入した。

　英検を学校現場に浸透させることには文部科学省も一役買った。特に、二〇〇二年に文部科学省が策定した「「英語が使える日本人」の育成のための戦略構想」で、中学・高校での外国語教育の達成目標を初めて英検で示した影響は大きかった（第5章参照）。

　いまや英検の成績は入学試験の合否判定、生徒の内申点、教員採用試験を含む各種採用試験などに幅広く利用されるようになった。それにつれて、実用英語技能検定としての実用性は後退していった。マルクス『資本論』の価値概念を借りれば、多くの日本人にとっての英検の価値は、仕事に使えるという「使用価値」よりも、入試や採用試験の合格証書と交換できる「交換価値」にあるのだ。

　かくして二〇二一年度の英検志願者数は、実用英語技能検定、英検Jr.（旧・児童英検）、英検IBAを合わせて約四一〇万人に達し、うち中学・高校生が三〇三万人（七四％）、小学生も四六万人（一一％）で、学校教育に深く浸透している。一九六三年の開始からの累計志願者数は実に一億二三九六万四〇〇〇人、つまり日本人の全人口に匹敵する。驚くべき数字だが、はたして日本人の実用英語技能は高まったのだろうか。その答えは英検協会のホームページにも書いていない。

†同時通訳者という魔法使い

実用的な英語を使いこなす人たちの中でも、最高峰といえば同時通訳者だろう。「まるで魔法使いのよう。人間ワザとは思えない」。中学二年生だった私は、テレビに映る同時通訳者を見て驚嘆した。一九六九年七月、アポロ一一号によって人類が初めて月面に降り立ったときの映像も衝撃だったが、もう一つの衝撃が同時通訳者だった。月から送られてくる雑音だらけの英語音声を瞬時に日本語にしてしまう。カッコいいと思った。

アポロと同時通訳。この二つは私の人生を変えた。アポロに憧れて私は工業高等専門学校の機械工学科に進み、五年生の卒業研究は流体力学だった。しかし、結局は英語教師になった（魔法使いレベルにはなれなかったが）。同時通訳者だった鳥飼玖美子《とりかいくみこ》さんの魔法にかかり、その後、共著も五冊出した。

同時通訳者は英語界の頂点に君臨するキングかクイーン、いや天上界の神かもしれない。そんな仕事ぶりに魅せられ、英語学習者のモチベーションを高められた人も多い。そして、英語を聴き取り、話せる能力の重要性に目覚めてしまった。その反動で、文法と訳読中心の学校英語教育への不満がぐっと高まった。どうしたら魔法使いのような英語力を習得できるのか。秘伝を知ろうと、同時通訳者たちが書いた本に群がった。

國弘正雄『英語の話しかた——同時通訳者の提言』一九七〇
西山千『通訳術——カタコトから同時通訳まで』一九七〇
鳥飼玖美子『女性のための英会話』一九七三
村松増美『同時通訳者の知恵』一九七九

こうして並べてみると、英語ができること以外に、四人の同時通訳者に共通点があることに気づいた。何だと思われるだろうか？

実は四人とも大学の専攻は英語ではないのだ。國弘は文化人類学、西山は電気工学、鳥飼の学部時代はスペイン語、村松は国際経済学だった。言葉は世界を（アポロの場合は宇宙も）伝える媒介だから、発音や文法などを学んだだけでは英語で仕事はできない。言葉の先にある世界を広く深く知ること、そのための知的好奇心と幅広い教養が必要だといえよう。

そのことは國弘正雄の『英語の話しかた』を読めばよくわかる。この本はいま流行のハウツー本ではない。第一部は「変貌する世界と英語の役割」。国際化時代における英語の重要性を説き、日本の英語教育が変革を迫られている根拠を提示する。それを受けた第二部は「英語教育改革のための提言」で、受動英語から能動英語への転換を説くとともに、國弘の専門を生かした「文化人類学的アプローチ」を提案している。言語と背景文化・社会を一体のものとして攻究《こうきゅう》する方法である。

のちに参議院議員となる國弘だけに、マクロな視点から国際化する世界の中で日本はどう進むべきか、そのために英語教育をどう改革するかを論じている。これらをふまえて、最後の第三部「話す英語の方法論」に進む。話す英語の基本は「中学三年までのやさしい英文を反復音読することにつきている」。これが國弘の代名詞となる「只管《しかん》朗読」で、のちの『國弘流英語の話しかた』(一九九九)などに引き継がれている。

『英語の話しかた』(一九七〇)は七五万部を超える驚異的な大ベストセラーとなった。当時の日本人がどれほど英語を話せるようになりたいと願っていたかを象徴する本だ。この本が世に出た一九七〇年には、大阪で世界八一の国と国際機関が参加した万国博覧会が開催され、総入場者数六四二二万人、うち来日外国人が約一七〇万人に達した。「国際化」が時代のキーワードとなり、英会話への憧れはますます強まった。

この一九七〇年には高校の学習指導要領が改訂され、新科目として「英語会話」が加えられた。その目標には「英語を通して、外国の人々の生活やものの見方を理解しようとし、進んで交流しようとする態度を養う」と書かれている。世は英会話ブーム。高校の「英語会話」もきっと人気科目になるのではと期待されたが、結果は惨敗。「英会話を教えられる教師がどこにいるんだ?」との陰口もたたかれたほど、当時の英語教師は会話を教えたがらなかった。大学受験とは無関係のため不人気で、次の一九七八年の学習指導要領改訂で「英語会話」は削除されてしまう。一般市民の英会話願望と、学校教育での英語学習とは区別して考える必要があるのだ。

それでも文部省はコミュニケーション重視の方向性を強めていく。二〇〇九年の高校学習指導要領で三一年ぶりに「英語会話」が復活したが、これまた不人気で、二〇一八年の改訂で消えた。英語をしゃべれるようになりたいと憧れはするが、本気で授業を受けるかと言われると尻込みする。そんな屈折した心情が、高校の「英語会話」の浮き沈みに現れている気がする。

第５章

グローバル化とAI時代の英語

タブレット端末を使って協同的に学ぶ小学生（2022年筆者撮影）

1　国際化とコミュニケーション英語

†強まる国際化、高めよ会話力

一九七〇〜八〇年代の日本は国際化に沸きたっていた。この時代の英語と日本人をめぐるキーワードは「コミュニケーション英語」で、またも英会話への関心が高まっていた。

一九六〇年代の高度経済成長で資本を貯め込んだ日本企業は、コップの水があふれ出るように海外に進出していく。画期となったのが一九七一（昭和四六）年の「ニクソン・ショック」で、戦後一ドル＝三六〇円に固定されていた円相場が変動相場制に移行し、一九七八年には一九五円となる。急激な円高で輸出が不利になると、多くの日本企業が生産拠点を海外に移していった。

日本の対外直接投資は一九六九年から段階的に自由化され、一九八五年のプラザ合意を契機に急拡大。特にアメリカへの投資が著しく、対米依存度が高まった。世界進出が強まるにつれて、政府はタガを引き締めるべく「日本人としての自覚」「国を愛する」といった国家主義（ナショナリズム）を強めていった。

経済の国際化によって、産業界は現地の人々と外国語で直接コミュニケーションができる能力を求めるようになった。文部省の中央教育審議会（中教審）は一九七一年に「意志の疎通を円滑に行う能力の育成」に重点を置く必要があると答申した。つまりコミュニケーション能力の育成を明確に打ち出し、その後の外国語教育政策の基本方針となる。

ただし、英語コミュニケーションは外国人とのビジネス英語だけではない。教室内での英語を使ったやり取りも、また自分自身との対話（内言）も、重要かつ本質的なコミュニケーションだ。そうした「英語による自己表現」活動は先進的な英語教員の間で一九六〇年代から実践され、七〇年代に広がりを見せた。高校英語教員の長谷川清は『学校に灯をともせ』（一九七三）で、自己表現活動によって英語の面白さに目覚めた一生徒の言葉を紹介している。

自分の体験・思想を英語にすることによって、自分を見つめ、また多くの友だちに自分の考えをきいてもらえる。（中略）英文を作ることが今まで以上に好きになった。一生懸命自分の文を作る、そして単語をひく――あの時間がなつかしい。なぜなら自分の書いたことが少しでも相手に通じたから。

英語を使って自分の言いたいことをわかってもらえる、相手とわかりあえる。これらを日々の授業で体験することで、コミュニケーションへの積極的な意欲が生まれるのである。

†一九七〇～八〇年代の英語教育改革

一九七四（昭和四九）年には英語と日本人に関わる三つの事件が起こった。第一に、中教審答申が「コミュニケーションの手段としての外国語能力の向上を図る」と答申した。一九七一年の答申と内容は同じだが、当時の役所の文書には珍しい「コミュニケーション」というカタカナ語を初めて使用し、その後の英語教育改革のキーワードとなった。

第二に、アメリカ帰りの主婦・中津《なかつ》燎子《りようこ》が『なんで英語やるの？』で日本式の通じない英語教育を痛烈に批判し、国民の共感を呼んで大ベストセラーになった。学校英語教育に対する日本人の不満の大きさを象徴する本だった。

第三に、そうした不満を敏感に察知した参議院議員の平泉渉《ひらいずみわたる》が、外国語教育の抜本的な改革案（いわゆる「平泉試案」）を発表し、翌年に渡部昇一《わたなべしょういち》と大論争を引き起こした。大物政治家が文部省の頭越しに外国語教育改革の提言を行うのは前代未聞で、政治主導の先がけとなった。

しかし文部行政は迷走した。国際化には英語教育の充実をと言いながら、一九七七年の中学校学習指導要領改訂で週四時間だった英語を三時間に減らしてしまった。これに英語教員らが猛反発して八九年の改訂で四時間に戻り、「ゆとり教育」の九八年改訂でまたも三時間に削減、だがグローバル化対応の二〇〇八年改訂で四時間にと、学校現場は振り回された。

一九七〇年代の助走期を経て、八〇年代にはついに内閣が動いた。中曽根康弘《なかそねやすひろ》首相が臨時教育審議会（臨教審、一九八四〜八七）を立ち上げたのである。臨教審は内閣総理大臣直属の審議会だから、文部省の上に位置する。まさに官邸主導の教育政策の開始を告げる事件で、その影響は絶大だった。

臨教審は英語教育についても大ナタを振るった。一九八六年の第二次答申では「中学校、高等学校等における英語教育が文法知識の修得と読解力の養成に重点が置かれ過ぎている」と批判し、一九八七年の第四次（最終）答申では「コミュニケーションを図るための国際通用語習得の側面に重点を置く」との方針を示した。こうして臨教審は「コミュニケーション重視」を国策にしたのだ。これと関連して、臨教審はその後に影響を及ぼす三つの方針を打ち出した。

（1）「各学校段階における英語教育の目的（＝到達目標）の明確化」。これが「中学校卒業時点で英検三級五〇％以上」といった国からの到達目標設定を招くことになる。
（2）「大学入試において、第三者機関で行われる検定試験などの結果の利用」。二〇一三年に政府や財界は「大学入試にＴＯＥＦＬ等を導入する」との方針を発表し、大問題になる（後述）。
（3）「外国人や外国の大学で修学した者の活用」。一九八七年からＪＥＴプログラムによる外国人指導助手（ＡＬＴ）が教室に配置されるようになった。

一連の方針は次々に実施に移されていった。コミュニケーション重視が国策となり、一九八九年改訂の中学・高校の学習指導要領の目標に「外国語で積極的にコミュニケーションを図ろうとする態度を育てる」と明記された。高校には科目として「オーラル・コミュニケーション」が新設され、その後も「コミュニケーション」を冠した科目名が続く。

†国際ビジネスにTOEIC

日本企業の国際展開には英語コミュニケーション能力が必要だ。だが、その能力をどう測る？　当時の英語検定試験は英検だけで、ビジネス用の英語運用力を測る試験はなかった。そこで一九七九（昭和五四）年に誕生したのが、国際コミュニケーション英語能力テストTOEIC《トーイック》（Test of English for International Communication）だった。
TOEIC誕生の裏には二人の日本人がいた。北岡靖男《きたおかやすお》（一九二八～九七）と渡辺弥栄司《わたなべやえじ》（一九一七～二〇一一）だ。北岡はアメリカの著名なニュース雑誌*Time*を発行するタイム社に二四年間勤務し、一九七四年の退職後は東京青山に国際コミュニケーションズを設立、日本人の英語コミュニケーション能力を育成する教育プログラム開発を行っていた。渡辺は通商産業省（現・経済産業省）の高級官僚で、海外経験も豊富だった。退官後の一九七二年に日中経済協会の理事に就任。そのオフィスは偶然にも北岡の会社と同じフロアにあった。

二人が顔を合わせるうちに、国際ビジネスに必要な英語コミュニケーション能力を客観的に測るモノサシが必要だとの結論に至った。こうして、テスト作成をアメリカのEducational Testing Service（ETS）に依頼し、TOEICが開発された。

TOEICの認可は文部省ではなく、渡辺がOBの通産省だった。試験は九九〇点満点で、同等の英語力があればスコアも一定になるよう設計されており、設問は文化的な差異などで不公平にならないよう工夫された。英検が英語力を大まかな級で示すのとは違って、TOEICは点数で示すので、ミリ単位のモノサシのように使いやすかった。

第一回TOEIC（リスニングとリーディング）の公開テストは一九七九年に日本の主要五

都市で開催されたが、受験者はわずか二七七三人だった。その後、受験会場や実施回数の増加、団体特別受験制度 TOEIC IP や平易な TOEIC Bridge の導入、スピーキングとライティングの試験である TOEIC S&W の追加などがなされ、受験者は大きく増えた。

世界では二〇一二年に一五〇カ国で約七〇〇万人が受験、その約四割が日本国内での受験者だった。日本でのTOEICプログラムの総受験者数は二〇〇〇年度に一〇〇万人、二〇一一年度には二〇〇万人を超え、ピーク時の二〇一五年度には約二七八万人に達した。TOEICで高得点を取れば大学入試や就職にも有利だとのことで、高スコアの獲得が自己目的化していった。

†TOEICで英語コミュニケーション能力は測れない

だが、TOEICの受験者は二〇一六年度から減少傾向に転じ、新型コロナ前の一九年度には二四一万人にまで下がった。さらに、二〇年度はコロナ禍の影響もあり一六九万人にまで落ち、二一年度も二三〇万人にとどまった。では、なぜTOEICの受験者数は減少傾向に転じたのか。

結論としては、英語によるコミュニケーションはきわめて複雑な行為であり、TOEICのようなシンプルな試験では測れないことがわかってきたからではないだろうか。つまり、「TOEICのスコアが高い人＝実際に英語が使える人」とは限らない。ましてや「TOEICのスコアが高い人＝仕事ができる人」とは限らないのだ。

　そのことはコミュニケーション理論に照らしてみれば当然である。日本では英語コミュニケーション能力を「英会話」能力に単純化する傾向が強い。たとえば、文部省が一九九八年に改訂した中学校学習指導要領では「聞くことや話すことなどの実践的コミュニケーション能力の基礎を養う」と書かれていた。これでは学校現場が「聞くことや話すこと＝実践的コミュニケーション能力」と受け取ったのも無理はない。

　だがコミュニケーション能力とは、そんな甘いものではない。代表的なカネールとスウェインの研究（一九八〇）では、コミュニケーション能力には①文法的能力、②社会言語学的能力、③談話能力、④方略能力という四つの要素が含まれる。

　文法的能力とは、文法、語彙、発音などの言語知識で、いわばコミュニケーションを支える土台にあたる。社会言語学的能力とは、社会的ルールをふまえて状況に応じた適切な表現を使い分ける能力で、たとえば採用面接で「オレこの会社、好きっスよ」と言ったら非常識だとして落とされる。

　談話能力とは、話の流れの中でメッセージを適切に理解する能力のこと。たとえば「ぼくキツネ」という発言は、演劇の準備中なら「キツネの配役」を示すが、食堂での話なら

「キツネうどん」だと理解しなければならない。方略的能力とは、コミュニケーションが円滑にいかなかった場合でも、つなぎ言葉や言い換えなどによって対話を続ける能力である。たとえばuncle（おじさん）という言葉が出てこなければmy father's brotherなどと言い換えて意図を伝える力で、絵やジェスチャーでメッセージを伝える能力なども含む。

実際のコミュニケーション場面では、さらに相手の表情や目線、声の調子、場の空気感、相手との関係性の強弱（忖度《そんたく》や打算）などを洞察してメッセージを交換する高度な能力が必要とされる。握手やハグなどの身体的接触、食事や宴会などの社交的要素もコミュニケーションに大きな影響を与える。

こうした人間だけが持つ複雑かつ高度なコミュニケーション能力を、短時間の定型化された試験で測ることはできない。英語でスピーク（speak）とは一方的にしゃべることだが、電話のように相手と話す場合はトーク（talk）となる。それが発展した臨機応変なやりとりがインタラクション（interaction）である。TOEICは相手との質疑応答すらない。一方的なスピーキングのテストではあっても、対話的なコミュニケーションのテストではないのだ。

猪浦道夫《いのうらみちお》は『TOEIC亡国論』（二〇一八）で、TOEICの限界を次のように指摘する。

（1）略式の英語（ひらたく言えば俗語）の力は測れない。
（2）日本語への翻訳能力はまったく測れない。
（3）日本語からの英作文力はまったく測れない。
（4）自由作文力（最初から英語で書く作文）もほとんど測れない。
（5）実際の会話力はほとんど測れない。
（6）専門的なレベルの英語力はまったく測れない。

まさに「ないないづくし」だが、もちろんTOEICにメリットがないわけではない。TOEICでは英語の実際の運用力は測れないが、運用力の基礎となる英語力（特にリーディングとリスニング）は一定程度は測ることができる。また、TOEIC S&Wを受験すれば、スピーキングとライティングの基礎的な能力もある程度は測れよう。

次に、TOEICは試験対策をすれば簡単に点数が上がるので、点数と実力が一致しないことが多い。TOEICは爆発的に広がったが、それ以上に爆発的に広がったのがTOEIC対策本だった。書店の語学書コーナーにはTOEIC対策本があふれ、スコアを上げる様々なコツが書かれている。

その通りなのだ。私も大学でTOEIC対策授業を担当したことがある。TOEICは問題のパターンが固定されているので、練習を重ねているうちにパターン慣れしてくる。また、初期の段階では最後まで解ききれずに時間切れになる場合が多いが、やがて時間配分の感覚がわかってくる。そのため、練習を積めば確実にスコアは伸びる。

実は息子が大学に入ったときに、TOEIC対策をしてほしいと頼まれた。スコアが高ければ、全学の英語優秀者を集めた「特別コース」に選抜され、留学もできるというのだ。日ごろTOEICに懐疑的な私も、そこは親バカ。コツを伝授して過去問を解かせた。

さて、ここで問題。五三〇点だったスコアは、一週間後に何点上がったでしょう。

三〇点　五〇点　七〇点　一〇〇点　二〇〇点

いかがだろう。さすがに二〇〇点とまではいかなかったが、わずか一週間で一〇〇点上がり六三〇点になった。そのため無事に特別コースに入ることができて、オーストラリアやフランスへの留学も果たした（以上、親バカ談義でした）。

このように一週間の対策で一〇〇点も伸びる試験が、国際コミュニケーション能力の客観的なモノサシとはとても言えまい。ただし、このことは生みの親である北岡らの責任ではない。人は試験があれば必ず試験対策をし、最小の努力で高得点を取ろうとする。そんな試験一般がもつ宿命なのかもしれない。TOEICの価値もまた、英語が使えるようになるという「使用価値」よりも、合格・採用通知と交換するための「交換価値」を得るためという人が増えたのだ。

†英語は実地に使ってみないと

「仕事で英語が使える」といってもレベルは様々だが、ここでは通訳係を命じられた一会社員の事例を紹介しよう。浦出善文《うらでよしふみ》氏はソニーに入社して二年目の一九八六年に、創業者で名誉会長である井深大《いぶかまさる》氏の通訳担当を命じられた。二五歳のときだ。そこでの挫折と成長の記録が『英語屋さん――ソニー創業者・井深大に仕えた四年半』（集英社新書、二〇〇〇）で、ベストセラーになった。

浦出氏は早稲田大学政治経済学部を卒業し、在学中には英語サークルに属して英語で時事問題などの討論に励んだ。入社試験のときには「英検一級を持っている。英語で議論するくらいは簡単だ」と豪語したという。入社後も会社の負担で、同時通訳者の村松増美《むらまつますみ》が主宰するサイマルアカデミーの通訳者養成コースを毎週二回ずつ一年間受講した。これほど英語を鍛えた浦出氏は、さてどうなったか。

「いざ実践で通訳をやってみると、これがからっきしダメだった。特に異動してきた当初は、ほとんど「お手上げ」同然の状態が続いた」。あえなく挫折したのだ。

通訳すべき井深氏の話は東洋医学や幼児教育にまで及び、対談相手もコンピュータサイエンスの専門家、医学博士、哲学者など様々で、「議論が当初の私の予想や思考の枠をはるかに超えて込み入ってくると、話の内容を理解するのもやっと」の状態だったという。TOEICや英検で高得点を取ったからといって「仕事で使える英語力」があるなどと単純に思い込むと、とんでもないことがおわかりだろう。

浦出氏は失敗を重ね、経験を積みながら、なんとか通訳の仕事をこなせるようになる。その過程で英語コミュニケーション能力に必要な多くのことを学んだという。いくつか挙げてみよう。

・効果的なコミュニケーションにとって最も大切なことは、相手に対する感謝の念や思いやりの心が十分に表れていること。
・相手が言っていることを正確に聴き取る力が必要で、それはむしろ英語を話すよりも難しい。
・教材は総花《そうばな》的ではなく、自分の話したいこと、話す必要があることに限定して選び、それを集中的に練習する。自分に興味のない教材では焦点がぼけて頭に残らない。
・数カ月か、無理なら数週間でも、朝から晩までその外国語に無心にかじりつくような集中的な練習が必要である。
・英文レターを作成するコツは、①なるべくYouを主語にして書く、②できるだけ肯定的な表現を使う、③言いたいポイントを明瞭に結論から先に書く。
・「受験英語」のおかげで、ある程度まで英語でコミュニケーションできる能力が備わった。

浦出氏の意見には私も賛成だし、英語を本気でやったことのある人なら共感できるのではないだろうか。なので、浦出氏の次の言葉も心から賛同しつつ引用したい。

平均的な日本人はコミュニケーションがまだまだ下手だ。それは「英語が流暢《りゅうちょう》に話せない（またはうまく聴き取れない、書けない、読めない）」などという単純な問題ではない。話すべき内容や主張がない、話していることが論理的でない、（たとえばユーモアやウィットを交えるといった）コミュニケーション上の気配りひとつできないといった、もっと根本的な問題なのである。気の利いた英語の言い回しをひとつ、ふたつ知っているかどうかなど、所詮は末節の問題に過ぎない。

現場で何度も頭をぶつけながらつかみ取った結論だ。書店には今日も「気の利いた英語の言い回し」を集めた本が並ぶ。それも大事かもしれないが、いくら必死で覚えてもコミュニケーションがうまくできなくて悩む人も多い。その理由が、ここには書かれている。

2 「英語が使える日本人」か「受験英語」か

†グローバル化へのあせり

一九九〇年代の日本経済はバブルがはじけ、長期の不況に陥る。這い上がるために打ち出されたキーワードが「英語が使える日本人」だった。

一九九一（平成三）年にソビエト連邦が崩壊し、東欧などの旧社会主義圏も資本主義世界市場に組み込まれたことで、資本主義経済が世界を一元的に覆い尽くそうとするグローバル化が一気に進んだ。ところが、この歴史的なタイミングで日本企業はグローバル化の波に乗り遅れた。バブル経済の崩壊で、失われた一〇年とも三〇年とも言われる平成の長期不況にはまり込んでしまったからだ。

急速に進むグローバル化に対応するには「英語が使える日本人」を育てなければならないと、政府も財界もあせった。ところが長期不況で企業は体力を消耗し、社内研修で英語の使い手を育てている余裕がない。そこでグローバル人材を学校で育成させる方向にシフトした。こうして、小学校英語教育、中高での英語学習の高度化、大学入試へのＴＯＥＦＬ等の導入、大学での英語による授業などの無理難題が次々に学校現場に押し寄せるようになる。

歴史はくり返す。明治以来、日本人は自分にちょっと自信がつくと「英米や英語なんかたいしたことない」と軽視し、敗戦などで自信を失うや「英米や英語はすごい」と転向する。一九九〇年代のバブル崩壊後もそうだった。八〇年代のバブル景気に浮かれてアメリカの土地や会社を買収しまくっていた日本の経済界は、バブルがはじけると敗戦気分で自信を失い、「グローバル人材育成のために英語を学べ」と言いだした。

二〇〇〇年には小渕恵三《おぶちけいぞう》内閣の諮問機関が「英語第二公用語化論」まで打ち出した。まるで自分からアメリカの五一番目の州に成り下がりたいのかとあきれたが、まもなく立ち消えになった。すると次には英語を社内公用語にすると言いだす企業が登場した。これに反対して、外資系企業の社長だった成毛眞《なるけまこと》は『日本人の9割に英語はいらない』（二〇一二）で「英語ができてもバカはバカ」と厳しく批判した。

そこまでボロクソに言わなくても、「英語ができる＝仕事ができる」のなら、全世界はアメリカになっているはずだ。日本国内を見ても、社員に「英語を学べ！」と言いだした一九九〇年代以降、日本経済はずっと低迷し、賃金は上がらず韓国に追い抜かれた。

どうも日本人は英語について考えが薄っぺらで、すぐに時流に流される。ペラペラ英語に憧れるあまり、大脳皮質までペラペラになっていては、ホンモノの英語はモノにできない。

二〇〇〇年、巨大企業を会員とする経済団体連合会（経団連）は提言「グローバル化時代の人材育成について」を発表。「小・中・高校においては、英会話を重視した英語教育に一層の力を入れるべきである」と要望し、一連の具体策を政府に示した。①小学校からの英語教育実施、②大学入試センター試験へのリスニング導入、③TOEIC・TOEFLなど外部検定試験の活用、④英語教員研修の強化など。まるで「文部省には任せておけない。自分たちで政策立案する」と言わんばかりだ。

†「英語が使える日本人」育成構想

財界が言うと政府はすぐに実行する。二〇〇二（平成一四）年六月、小泉純一郎《こいずみじゅんいちろう》内閣は

「経済財政運営と構造改革に関する基本方針二〇〇二」(骨太の方針)を閣議決定し、「経済活性化戦略」の一環として「文部科学省は、「英語が使える日本人」の育成を目指し、平成一四年度中に英語教育の改善のための行動計画をとりまとめる」という方針を盛り込んだ。

これを受けて、文部科学省は同年七月に「「英語が使える日本人」の育成のための戦略構想」を発表した。その冒頭で遠山敦子《とおやまあつこ》文科大臣は「国際的な経済競争は激化し、メガコンペティションと呼ばれる状態が到来する中、これに対する果敢な挑戦が求められています」と述べ、グローバル化の下で新自由主義的な経済競争に打ち勝つための英語教育強化策であることを明らかにした。英語教育政策を国家の経済政策に従属させたのだ。

戦略構想で示された目標は「中学校・高等学校を卒業したら英語でコミュニケーションができる」という驚くべきものだった。日本語でも満足にできないのに。そんな魔法のような方法があれば、私もぜひ知りたい。

具体策を見て唖然とした。到達目標は中学卒業者の平均が実用英語技能検定(英検)三級程度、高校卒業者の平均が英検準二級〜二級程度だという。国が英語力の到達目標を設定し、その目標に向かって生徒と教員を追い立てるというのだ。これは戦後教育の理念に反する。一九四七年に文部省が作成した最初の「学習指導要領 一般編(試案)」には、戦前の国家主義教育の反省に立って、次のように書かれている。

いちばんたいせつだと思われることは、これまでとかく上の方からきめて与えられたことを、どこまでもそのとおりに実行するといった画一的な傾きのあったのが、こんどはむしろ下の方からみんなの力で、いろいろと、作りあげて行くようになって来たということである。

この「いちばんたいせつ」な理念を、文科省自身が踏みにじったのである。英検を到達目標にすることは、文科省の学習指導要領が定めている外国語教育の目標とも矛盾し、二重基準となってしまう。指導要領の目標は「実用英語技能」に限定していない上に、学校の教育課程は英検の内容や程度とは整合していない。そもそも、英検三級や準二級〜二級程度の力で、どうやって「英語でコミュニケーションができる」のか。

戦略構想は、英語教員にも英検準一級、TOEFL（PBT）五五〇点、TOEIC七三〇点程度以上を求めた。もちろん、検定試験のスコアと英語指導力との相関など立証されていない。また、高校入試と大学入試に「外部検定試験の活用を促進する」としたことも禍根を残すことになる（後述）。

戦略構想を実施するための「行動計画」（二〇〇三〜二〇〇七）に従って、中学・高校のすべての英語教員に原則として英語による強制研修が課せられた。私も県教育委員会から講師を再三依頼されたので、この行動計画がいかに誤りかを講習会場で受講者に話したところ、県教委から二度と講師依頼が来なくなった（他府県からは来るのだが）。

英語教育の「戦略構想」は経済活性化戦略の一環として、官邸主導のトップダウンで作られた。英語教育の専門家による議論はほとんどなかった。そのため、「戦略構想」の中身は経団連が二〇〇〇年に発表した「グローバル化時代の人材育成について」のコピー＆ペーストと言ってもよいほどそっくりだ（表５-１）。

もちろん政策決定には様々な要素が複雑にからむし、コミュニケーション重視や小学校英語教育を求める国民も多い。それでも、こうして比較してみると、英語教育政策への経団連提言の影響は大きいとしか思えない。

政策化を可能にしたのは経団連の巨大な資金力だ。経団連は政策評価システムによって、自分たちの政策要求を実現した度合によって政府与党などへの政治献金を増減させる。政治家からみれば、経団連の言うとおりにすればご褒美の政治献金が多くもらえるわけだ。一種の政策買収システムと言えよう。そんなカネがあれば、学校に寄付すべきだろうに。

さらに経団連は役員を文部科学省の中央教育審議会の会長や委員に就任させることで、

経団連の提言（2000年）	文科省の「戦略構想」（2002年）
英会話を重視した英語教育	実践的コミュニケーション能力の育成
小学校段階から英語教育を実施	小学校の英会話活動を支援
少人数指導、習熟度別学級、情報機器の利用等	少人数指導や習熟度別指導などの導入
英語教員採用試験へのTOEIC・TOEFL等の活用	英検、TOEFL、TOEIC等のスコアの考慮により、英語力の所持を確認
英語教員への研修の強化	英語教員の集中的研修の推進
英語に熟達した民間人の採用	英語に堪能な地域社会の人材の活用
外国人教員の積極的な採用	外国人の正規教員への採用の促進
大学入試センター試験でリスニングテスト実施	大学入試センター試験でリスニングテスト導入
企業の採用・昇進で英語力を重視	採用試験で英語力重視を求める

表5-1　経団連提言と文科省「戦略構想」（水野2008を編集作成。）

教育政策の策定に直接かかわってきた。

では、五年間の「行動計画」を経て「中学校・高等学校を卒業したら英語でコミュニケーションができる」という目標は達成できたのだろうか？　文科省の報告書のどこを探しても「達成できた」とは書いていない。書けるはずもない。

「行動計画」に続く「英語教育改革総合プラン」（二〇〇九〜二〇一三）では、「『英語が使える日本人』の育成のための行動計画」においては、「生徒の英語力を測る指標として英検を利用していたが、これが必ずしも学校教育において習得した英語力を評価するには適切な指標と言えない」と自己批判した。

ならば、英検を到達目標に掲げて生徒を追い立て、教師に強制研修まで課したのは何だったのか。

†国の目標設定が忖度を広げる

文科省は、英検は学校教育での「適切な指標と言えない」と明言したにもかかわらず、その後も英検を目標に掲げ続けた。二〇一五（平成二七）年の「生徒の英語力向上推進プラン」では、生徒の英検等の取得率を二〇一七年度五〇％、二〇二〇年度六〇％、二〇二四年度七〇％に引き上げるとした。根拠は示していない。

英検合格という目標を生徒が自分で設定したのであれば、それがやる気につながる場合もあろう。しかし国が上から英検を達成目標に設定すると、生徒と教師への圧力となり、受験対応を迫り、学びの多様性を狭め、学校教育を歪めてしまう。さらには、目標達成のための忖度《そんたく》を誘発し、達成率の水増しが起こる。

最も危険なのは、文科省が「英語教育実施状況調査」の科学的根拠のない数字で、都道府県を競わせていることだ。文科省は各学校に「目標とする英検取得者＋教員が英検取得相当とみなした者」の数を提出させ、目標の達成率を二〇一四年から自治体別に公表している。これをメディアがランキングとして報じるため、たとえば全国順位が低いとされた和歌山県では県議会で問題になった。そのため二〇一五年に県教委は県内公立学校のすべての英語教員に強制研修とTOEIC受験を課し、スコアが低い教員には追加の研修を受けさせた。ビジネス英語用のTOEICで、どうして教師の力量が測れるというのか。

文科省の「英語教育実施状況調査」は統計学的に信用できず、はっきり言ってウソだ。理由は第一に、英検三級取得相当との「みなし」には教員の主観が入り、水増しできる。二〇二一年度の調査での「みなし」率は、大阪市の〇・四％から福岡市の四二・四％まで幅広い。熊本市では実際の英検取得者一四・二％に対して「みなし」は四一・九％もある。もはや統計的に意味をなさないのである。文科省調査の数字は、英語力の目標到達度ではなく、行政への忖度の度合を示す痛ましい数字だといえよう。

第二に、英検等の取得者数を左右する受験率が自治体によって大きく異なる。二〇二一年度の中三生の英検等の外部試験受験率は全国平均が四五・五％だが、「英語力日本一」などとメディアが報じた埼玉県さいたま市は九五・九％で、ほぼ全員に英検などを強制受験させているため取得者数は増える。

文科省調査の問題点は総務省も指摘した。二〇一七年に総務省は「グローバル人材育成の推進に関する政策評価」で、①文科省が設定した教員・生徒の英検合格率などの「目標達成は極めて困難」と断じ、是正を勧告した。②英語教員に英検準一級相当以上を求めていることに対して「教育現場では、指導力も重要、目標の設定根拠が不明確などの意見があり、十分理解が得られていない」と指摘した。③英検合格相当者（みなし）の判断基準が不統一（恣意的）であると指摘した。実態を無視した数値目標の設定が忖度による水増しを増やし、正直者が馬鹿を見る事態を招いている。ウソの数字で「英語力が向上した」として実績を強調する姿勢は、大本営発表によって戦果を粉飾した戦前の軍部と同じではないか。

このように、いま英語教育政策は常軌を逸している。財界の圧力と政治家による官邸主導で、文科省は官邸の下請け機関にさせられ、音程のはずれたトランペットで英語狂想曲を吹き鳴らしている。

そんな雑音の中で、子どもも大人も英語の検定試験に追われるようになった。二〇一七年度の語学ビジネス市場規模は八六六六億円（前年度比二・〇％増）。特に成長著しいのが語学試験市場で、二七五億円と一四・一％も急拡大した（矢野経済研究所の調査）。また、少子化にもかかわらず、幼児・子ども向け外国語教室市場も一四〇五億円（一・一％増）に拡大している。背景には小学校英語の早期化・教科化、大学英語入試改革、企業のTOEIC奨励がある。国の英語教育政策の本音は、英語ビジネス業界を成長させることなのだろうか。

†変わる受験英語

ほとんどの中学生・高校生には「国際コミュニケーション」は視野にない。中間・期末テストと受験対応。それこそが日々のリアルである。TOEICに代表されるビジネス英語と、受験を目標とする学校英語の二重構造が日本の現実であり、二つの世界は乖離している。それは書店に行けばわかる。ビジネス書のとなりにはTOEIC対策本がズラリ。高校生コーナーでは受験に役立つ英単語、英文法、英文読解、それに志望校別の赤本と青本だ。

もっとも、TOEICに挑む大学生・社会人も試験のために英語を学ぶという点では一緒だから、「受験英語」でひとくくりすることもできる。要するに「やらされ英語」。日本人の英語学習はどこか悲しい。

高校生の受験英語の世界にも変化は起こった。特に一九七九（昭和五四）年に導入された国公立大学の共通一次試験と、私立大学にまで拡張されて一九九〇年から始まった大学入試センター試験の影響は大きかった。

共通一次試験によって、国公立大学は偏差値で序列化された。共通一次の出題内容は学習指導要領に準拠したため従来より大幅に易しくなった。それでは選抜にならないので、ほとんどの大学が二次試験で旧来型の難問を出し、受験生は二重の対策を迫られた。

戦後の大学入試における英語問題の変化は、(1)英文和訳の減少、(2)長文化、(3)語彙の減少と口語化、(4)総合問題と客観テストの増加、である(江利川二〇一一)。

英文和訳問題のうち、短文の全文和訳は一九五三年には約六割の大学が出題していたが、一九七〇年代中頃に一割を切る。特に私立大では一九八〇年代には全文和訳がほぼ絶滅した。長文化が進み、精読・和訳よりも速読・大意把握が主流となった。二〇〇〇語以上の長文問題は一九六〇年代初頭には一割ほどだったが、一九八〇年代には八割に達した。特に私大では選択問題や完成問題などの客観テストを増やし、マークシート方式で採点処理の迅速化とコストカットを図った。

こうした出題傾向の変化が英語の学習法や参考書に影響を与えた。

†英語参考書の新旧交代

受験参考書にも地殻変動が起こった。入試問題で和訳が激減したため、一九一二(大正元)年の初版発売から改訂を重ねて不動の定番だった山崎貞の『新々英文解釈研究』(「ヤマテイの新々」、研究社)のような英文和訳の指南書が時代遅れとされ、一九九〇年代に絶版になってしまった。ところがビンテージ参考書として二〇〇八年に復刻され、参考書復刻ブームに火をつけた。かつて高校生が愛用した参考書は、いまやレベル的にも大人用の学習書となっている。青春のノスタルジーを伴いながら。

一九三三年から親しまれた原仙作《はらせんさく》の『英文標準問題精講』(「原仙の英標」、旺文社)も、一九七四年の原の死後に中原道喜《なかはらみちよし》が補訂を続けたが、一九九九年の通算第八版を最後に新版が出ていない。文学的で難しい『英標』よりも、中原著の平易な『基礎英文問題精講』(一九八二)を使う生徒が増えた。その中原も二〇一五年に亡くなった。

駿台予備校の名物講師・伊藤和夫《いとうかずお》は一九七七年に画期的な『英文解釈教室』(研究社)を出した。受験参考書の枠を超え、英文を読むための座右の書として累計一〇〇万部を突破した。伊藤は時代に対応して一九八三年には『英語長文読解教室』(研究社)を発表し、「英語を日本語に訳さず英語のままで理解する読み方」を伝授した。どちらも硬派な内容だが、その後はもっと易しい参考書を求める高校生が増えた。それに応え、伊藤は『ビジュアル英文解釈』(駿台文庫、一九八七・八八)を書いた。「ですます調」のやさしい口調で、イラストを豊富に交え、伊藤と予備校生との対話も折り込んだ親しみやすい内容で『英文解釈教室』以上の大ヒットとなった。

わかり易さという点で伊藤に影響を与えたのが、かつての同僚である山口俊治《やまぐちしゅんじ》の『英文法講義の実況中継』(語学春秋社、一九八五)だった。タイトル通り授業の様子をそのまま再現し、図表も使った巧みな説明で理解しやすい。その結果、三〇〇万部を超す驚異的な売上を記録した。

英単語集では、一九六七年に出た森一郎『試験にでる英単語』（関東では「でる単」、関西では「シケ単」、青春出版社）は、難解な英文和訳問題の単語を「出る順」に集めた画期的な単語集で、累計一五〇〇万部も売れている。一九七七年に大学に入学した私の世代には救世主のような単語帳で、たしかに試験によく出る英単語を集めたものだと実感した。それまで愛用していたABC順の赤尾好夫『英語基本単語熟語集』（「豆単」、旺文社）の影が急に薄くなってしまったことを覚えている。

英単語集の次なる革命は、一九九四年に出た鈴木陽一『DUO』（アイシーピー）だ。限られた数の例文の中に重要な単語と熟語をすべて埋め込むことで、例文を読む時間を八割も削減できるという画期的な手法が人気を呼んだ。その進化形が『DUO3・0』（二〇〇〇）で、累計発行部数は四〇〇万部を超えた。

入試の長文速読時代に対応したのが風早寛《かざはやひろし》『速読英単語』（Z会出版、一九九二）。長文を速読しながら英単語を覚えるという、時代にマッチした方式が好評だった。この本が出たとき、私も同じアイディアを持っていたので「早く本にすればよかった！」と悔しがった。

その一九九二年に「受験参考書」部門の売上第一位を獲得したのが、宮川幸久《みやかわよしひさ》『英単語ターゲット1900』（旺文社）だった。入試問題をコンピュータでデータベース化して分析し、出題頻度が高く受験生が誤りやすい単語を厳選した単語集。森一郎の『試験にでる英単語』が職人芸だとすれば、『ターゲット』はハイテクを駆使したことが勝因だった。

一九九二年の「英語問題集」部門の第一位は、上垣暁雄《うえがきあきお》『即戦ゼミ③ 英語頻出問題総演習』（「即ゼミ」または「英頻」、桐原書店）だった。私大を中心に和訳問題が消え、熟語や語法などの穴埋め問題が増えたことに対応した「最小のエネルギーをもって最大の効果をあげる」ことに徹したヒット商品だった。

そのころ私は神戸の予備校で英語の専任講師をしていたが、『ターゲット』と『英頻』はほとんどの受験生が持っている定番中の定番だった。志望校に合格した教え子は、卒業記念に愛用の『ターゲット』をプレゼントしてくれた。マーカーや鉛筆の書き込みだらけ、ページが外れてバラバラの歴戦の勇士で、今も大切に保存している。

†参考書も音声とネット接続の時代に

一九八九（平成元）年の学習指導要領でコミュニケーション重視が打ち出され、その年の東京大学の入試にリスニングが導入された。二〇〇六年には大学入試センター試験にもリスニングが導入された。こうなると、受験英語の世界も音声を無視できない。

音声とは遠い存在だと思われがちな英文法の参考書を取り上げ、変化を見てみよう。私のイチオシでもある黄色い表紙の江川泰一郎《えがわたいいちろう》『英文法解説（第三版）』（金子書房、一九九一）は、古典的名著といえよう。教師の間では青い表紙の宮川幸久ほか『徹底例解 ロイヤル英文法』（旺文社、一九八八）も人気だった。どちらにも音源は付いていない。

その後の進化は著しい。瓜生豊《うりゅうゆたか》・篠田《しのだ》重晃《しげあき》編著『Next Stage 英文法・語法問題』（「ネクステ」、桐原書店、一九九九）はCD付きだから、これ一冊で英文法・語法問題はもちろん、英作文や英文読解に必要な単語、熟語、アクセント・発音、会話表現などの入試頻出項目を効率的に身につけられる。文法参考書にまで音源が付く時代に入ったのだ。

蛇足だが、私が大学用教科書として書き下ろした『コミュニケーションのための基礎英作文』（金星堂、二〇〇〇）も英作文書として初めてCDを付け、大いに売れた。英作文でも音声付きがヒットの条件になることを実感した。

高校生用の定番参考書といえば、墺《おう》タカユキほか『総合英語Forest』（桐原書店、一九九九、図5－1）ははずせない。基礎から応用まで必要事項をギッシリ盛り込み、暗記ではなく英文法の「なぜ?」の理解を重視した。多くの高校で一括採択され、累計販売部数は四〇〇万部に達した。

だが『Forest』は不動の人気にもかかわらず、二〇一三年の第七版を最後に販売中止に

図5-1　定番参考書『Forest』

なった。なぜか？　理由は桐原書店の内紛だった。出版哲学の違いから桐原書店を飛び出した人たちが「いいずな書店」を立ち上げ、二〇一七年に『総合英語Forest』を『総合英語 Evergreen』（川崎芳人ほか著）にバージョンアップしたのだ。

本当の進化はここからで、『Evergreen』は旧版『Forest』の良き伝統はそのままに、例文の音声を無料ダウンロードでき、さらに重要例文を読んで音読判定アプリ「いいずなリピトレ」に吹き込めば、発話を採点してくれる。読んで、書いて、聴いて、話すことで、学習効果が高まる仕掛けだ。旧来の文法書の枠をはるかに超え、まさに「総合英語」に進化している。文法と音声コミュニケーションは決して対立するものではないのだ。

このように、大学入試も参考書も変化した。一九七〇年代以降の大学入試では英文和訳が徐々に消え、長文総合問題や穴埋め問題が増えていった。コミュニケーション英語が叫ばれ、リスニング、さらにはスピーキングまで入試に入れよとの声が高まった（後述）。その分だけ読解に割く割合は少なくなる。

その結果、何が起こったのだろうか。雑誌『英語青年』の「英文解釈練習」欄を一九八六～二〇〇七年の二一年間担当した行方《なめかた》昭夫《あきお》・東大名誉教授は、大学院の受験勉強のために投稿する学生が多い新人投稿者の「成績が年々低下していった」と証言している（『英会話不要論』）。大学で二五年間英語を教えてきた私の実感でも、英語の読解力が低下し、同時に日本語力（特に書く力）が落ちてきた。リスニングへの抵抗感は少なくなったようだが、スピーキングの力がついたとは思えない。英文を読むことによる大量のインプットなしに、中身のある発言はできないからだ。

それでも政府は、英会話のできるグローバル人材育成をゴリ押しする。

3　グローバル人材育成という無理難題

†グローバル人材育成という国策

政府も財界も、英語を使い世界を股にかけてバリバリ働く「グローバル人材」を欲しがった。だが、日本人の海外留学は二〇〇四（平成一六）年から減少に転じ、海外勤務を望まない新入社員の割合は二〇〇四年度の二九％から二〇一〇年度の四九％へと急増した。巨大な国内市場を持つ日本では、無理して海外で働かなくても暮らしていける。英語もいらない。これが現実だった。

こうした「内向き志向」への危機感から、政府は二〇一一年五月に「グローバル人材育成推進会議」を発足させ、「グローバル人材の潜在的候補者」を育成するために、今後一〇年の間に若者の約一〇％を一年以上留学ないし在外経験させるという数値目標を立てた。近年の政策は数値目標を決め、そこに追い立てることがはやりだが、肝腎の支援策を具体化しなければ、目標が達成できるはずもない。具体的に見てみよう。

二〇一一年度の概算要求では、外国人留学生の日本受け入れのための予算は三二五億円。これに対して、日本人学生を海外に留学させるための支援経費はたった二五億円。前者の一三分の一にすぎない。この貧弱な支援策ゆえに、日本人学生は留学を希望しつつも、まず資金面で、さらに卒業・就職時期への悪影響などの理由で留学を断念せざるをえないのだ。日本の大学生は高額の授業料と乏しい奨学金のため、多くがアルバイト漬けになっている。その改善を図らない限り、海外に打って出ることなどできないのではないか。

二〇一一年、ビジネスパーソンの間では英語をめぐる新たな動きが起こった。「グローービッシュ」の登場だ。グローバル人材には英語力が必要だと上から言われるが、英語の習得は難しい。簡単に身に付ける良い方法はないか。そこでフランスから広がったのが、たった一五〇〇語で商談が可能だという中学レベルの非ネイティブ英語Global English＝グロービッシュだ。二〇一一年はそのブームに沸き、関連書籍が雨後のタケノコのように書店を賑わした。ただし、例によって熱気はすぐに冷めた。一五〇〇語で可能なほどビジネスは甘くないようだ。

先の「グローバル人材育成推進会議」は留学促進とともに、重大な方針を提起した。大学入試にスピーキングを導入する「四技能入試」、そのためのTOEFL《トーフル》など外部試験の導入である。「英語がしゃべれる日本人」。これは明治以来の見果てぬ夢だったから、いよいよ歴史的な大勝負に出た。高校現場が受験を口実にコミュニケーション英語に邁進しないのなら、目標とする入試にスピーキングを加えることで、高校の英語教育をコミュニケーション指向に変えることができると考えたのだ。

しかし、それがどれほど危険な賭けであるかを、政府も文科省もわかっていなかった。で、どうなったのか？

†大学入試にTOEFLの衝撃

二〇一三（平成二五）年四月八日、懇意の新聞記者から電話がかかってきた。話を聴いて耳を疑った。自民党の教育再生実行本部が、高校生の卒業要件や大学入試にTOEFLを導入する計画を発表したというのだ。これが「成長戦略に資するグローバル人材育成部会提言」（以下「再生本部提言」）を知る第一報となった。「結果の平等主義から脱却し、トップを伸ばす戦略的人材育成」などと、あからさまなエリート育成政策だ。「英語教育の抜本的改革」に関する部分は、以下のように過激な内容だった。

（1）大学において、従来の入試を見直し、実用的な英語力を測るTOEFL等の一定以上の成績を受験資格及び卒業要件とする

世界レベルの教育・研究を担う大学を三〇程度指定し、その学生の卒業要件をTOEFL iBT九〇点相当とするとともに、集中的な支援によりグローバルに活躍する人材を年一〇万人養成

（2）高等学校段階において、TOEFL iBT四五点（英検二級）等以上を全員が達成する

（3）国家公務員の採用試験において、TOEFL等の一定以上の成績を受験資格とする

「グローバルに活躍する人材を年一〇万人養成」とあるが、高校卒業者は年間一二〇万人ほどだから、一〇万人は上位一割足らずのエリートを意味する。まさに「トップを伸ばす戦略的人材育成」だ。では、それ以外の九割以上の生徒はどうなるのか。切り捨ての対象なのか。だとすれば公教育の政策ではない。

これと連動して、同年四月二二日に経済同友会が「実用的な英語力を問う大学入試の実現を」を発表し、大学入試に「国際的に通用するＴＯＥＦＬを活用する」と提言した。こちらは「ＴＯＥＦＬ等」ではなく「ＴＯＥＦＬを」活用すると言い切っている。

さらに六月、第二次安倍内閣は「第二期教育振興基本計画」を閣議決定し、大学入試に「ＴＯＥＦＬ等外部検定試験の一層の活用を目指す」とした。さらには、①小学校英語教育の早期化・教科化、②中学校での英語による英語授業、③中学生の英検三級程度以上・高校生の英検準二級〜二級程度以上の取得率を五〇％に、④英語教員の英検準一級程度以上の取得率を中学五〇％・高校七五％に、⑤日本人海外留学生数を二〇二〇年までに倍増、⑥大学の外国人教員比率と外国語による授業実施率の増加、などの国家方針を盛り込んだ。

小学校英語の教科化から大学入試へのＴＯＥＦＬ等の導入まで、教育政策の骨格を官邸が閣議決定だけで決めてしまったのだ。

「政治家も財界もＴＯＥＦＬがどれほど難しい試験なのかをご存じないのか？」。これが私の最初の疑問だった。TOEFLは、英語圏の大学・大学院への留学希望者が入学後の授業についていけるレベルの英語力を持っているかを測る高度な試験だ。TOEICと同じくアメリカのETSが作成し、約三〜四時間をかけて英語の四技能を総合的に測る。知力と気力と体力が必要だ。内容は様々な分野の専門用語を多く含むアカデミックな英語で、たとえばリスニングでは英語圏の大学での実際の講義や討論、大学生活に関するやりとりなどが出される。私が勤務した国立大学の英語専攻生でも上位層以外は歯が立たない。

受験料も二四五ドル（二〇二二年九月二四日現在で約三万五〇〇〇円）と高額で、受験可能な地域も限られているため、経済的・地域的な格差が生じる。

民間試験であるTOEFLを、公平性と機密性が最も要求される大学入試に使うには危険すぎる。超難解で高額なTOEFLを高校生に課し、大学の入学資格および卒業要件にすれば、学校の英語教育は確実に破綻する。それなのに、再生本部提言を歓迎する社説を掲げた大手新聞もあった。「これは危ない」と思った。

†英語教育、迫り来る破綻

私は自分のブログで再生本部提言を徹底批判し、アクセス数は一日で六〇〇〇を超えた。新聞や英語教育雑誌にも意見を投稿した。提言を発表した教育再生実行本部長の遠藤利明《えんどうとしあき》衆議院議員（元文部科学副大臣）とも二〇一三（平成二五）年五月一日の『朝日新聞』紙上で論争した（全文は刀祢館二〇二二）。

論争で私は、公教育の実質的なゴールである大学入試へのＴＯＥＦＬ等の導入は、トップエリート以外の多数を切り捨て、学習指導要領との二重基準によって学校の教育過程を大混乱させ、英語嫌いと英語格差を助長する危険な政策だと主張した。

これに対して遠藤議員は、「私は〔ＴＯＥＦＬを〕受けたことはないです。受けても〔一二〇点満点の〕一〇〇点ぐらいでしょうか」、「でも、政治家とは英語力がないと務まらないのかどうか」と述べ、ＴＯＥＦＬの実態を知らないまま導入を提言したことを明らかにした。ただし遠藤議員の「これまでの英語教育がうまくいっていないから、変えないといけないんです」という主張には、多くの国民がなびくだろう。この点を真摯に受けとめなければ足をすくわれる。

遠藤議員は同紙で、自民党提言を同年七月二一日に迫った「参院選の自民党公約として打ち出すつもりです」とも述べた。事態は一刻の猶予もならない。英語教育関係者に呼びかけ、危険性を広く社会に訴える必要がある。そこで、旧知の大津由紀雄《おおつゆきお》（慶應義塾大）、鳥飼玖美子（立教大）、斎藤兆史《さいとうよしふみ》（東大）と通称「四人組」を結成し、再生本部提言の危険性を訴えるブックレット『英語教育、迫り来る破綻』（ひつじ書房）を七月五日に緊急出版

図5-2　獨協大学での四人組講演会（2014年6月）

した。反響は大きく、版元の創業以来、最高の発行部数となった。さらに四人は七月一四日に東京で講演会「英語教育、迫り来る破綻――みんなで考え、行動しよう！」を開催し、全国から参集した二〇〇人以上の聴衆との討論を交えながら、問題点を明らかにした。

文部科学省は大学入試に「ＴＯＥＦＬ等」はまずいと思ったのか、二〇一四年からは「四技能を測定する資格・検定試験」や「民間の資格・検定試験」に改めた。その上で、二〇二〇年度に大学入試センター試験を廃止し、大学入学共通テスト（リスニングとリーディング）に代える。スピーキングを含む英語四技能を測るため、民間七社による八種類（レベル別には二三種類）の検定試験を導入する方針を決めた。年間約五〇万人が受験する英語の入学試験を、民間市場に開放するというのである。

こうした動きに抗して、私たち四人は合計四冊のブックレットを刊行し、全国各地での講演活動も続けた（図5－2）。それでも、動き出した政策を止めることは難しかった。

†「大学入試に英語民間試験」の破綻

やがて力強い援軍が現れた。2017（平成二九）年一二月、東京大学の阿部公彦《あべまさひこ》准教授が『史上最悪の英語政策――ウソだらけの「4技能」看板』（ひつじ書房）を刊行し、大学入試へのスピーキング試験の導入で話す力を含む英語力は逆に落ちると指摘し、文科省の方針を徹底的に批判した。本書の第3章で述べたように、会話という生活言語能力（BICS）に比重をかければ、大学が求める学習言語能力（CALP）が低下してしまうのは当然だ。

二〇一八年二月には東京大学でシンポジウム「大学入学者選抜における英語試験のあり方をめぐって」が開催され、山田泰造《やまだたいぞう》・文科省大学入試室長は「四技能を入試で評価しないと英語教育を変えられない」と主張した。これに対して、スピーキングテストを開発・運営してきた羽藤由美《はとうゆみ》・京都工織大教授は、目的の異なる民間試験を公平に比較することはできず、文科省のスコア対照表に科学的な根拠はないと痛烈に批判した。宮本久也《みやもとひさや》・全国高校長協会長は、高校現場では民間試験対策まで強いられ、塾や予備校への依存が高まり、経済・地域格差が拡大するとの懸念を表明した。登壇者らは南風原《はえばら》朝和《ともかず》編『検証 迷走する英語入試——スピーキング導入と民間委託』（岩波ブックレット）を二〇一八年六月に緊急出版し、この問題への関心が一気に高まった。

こうした経緯を経て、英語民間試験導入の制度設計上の致命的な欠陥が次々に明らかになった。今後も東京都のように入試にスピーキングテストを入れようとする動きが出るだろうから、しっかりまとめておきたい。

①目的もレベルも異なる八種類（等級別には二三種類）もの試験を公平に点数換算することは不可能。②高額の受験料、試験会場の都市への偏在、英会話学校等に通える生徒が有利など、経済的・地域的格差による不公平。③ビジネス用、留学用などの民間試験と高校教育課程との不整合。④発話の困難や障がい等のある受験生の不利益、⑤高校授業への負担増、⑥試験場管理・監督の厳格性への疑問、⑦スピーキング採点の困難性、⑧試験実施主体が対策教材を販売する利益相反などだ。

入試にスピーキングを入れる案は大正時代からあったが、いざ実施しようとすると、どれほど難問が立ち塞がるかがおわかりだろう。少なくとも費用対効果は著しく低い。

より根源的な問題点は、大学入学共通テストの英語を民間事業者に開放することで教育の公共性が損なわれ、新自由主義的な教育の市場化が進み、格差の拡大と個人情報流出の危険性が高まることである。大学英語入試が民間に開放されれば、年間で数百億円規模の英語市場が生まれる。それは利権と癒着の温床になりかねない。民間試験のうち最有力視されていたＧＴＥＣ《ジーテック》をベネッセと共催する一般財団法人進学基準研究機構の理事長は、文部事務次官だった佐藤禎一《さとうていいち》、評議員は中央教育審議会で入試改革答申をまとめた元慶應義塾大学塾長の安西祐一郎《あんざいゆういちろう》だった。

民間試験導入をめぐる問題点が是正されないため、東大、京大、慶大などが相次いで民間試験の結果を出願要件や必須要件としない方針を表明し、計画は実施前から破綻し始めた。

最終的に計画中止に追い込んだのは広範な反対の声だった。二〇一九年六月には、専門家らが約八〇〇〇筆の署名を添えて民間試験の導入中止を求める国会請願を行い、野党は実施延期法案を提出した。七月にはＴＯＥＩＣが撤退を表明した。九月には全国高校長協会が延期を要請した。教員や高校生らが文科省前で抗議行動を行い、ＳＮＳやメディア報道で拡散した。『ＡＥＲＡ』二〇一九年九月二日号は入試改革に異議を唱える高校生の声を紹介している。

当事者不在の議論に疑問を感じます。高校生の生《なま》の意見を、文科省のトップや幹部に伝えてください。（中略）今の時期になってまで制度や問題に変更が加わるような、おぼつかない大学入学共通テストは、早急に延期もしくは中止にしてください。

こうした抗議の高まりの渦中で、萩生田光一《はぎうだこういち》文科大臣が格差容認の失言を行い、火に油を注いだ。二〇一九年年一一月一日、ついに萩生田大臣は大学入学共通テストへの英語民間試験実施の延期を発表、二一年七月に正式に中止となった。国語・数学の記述式テストの導入中止とともに、官邸主導のトップダウンによる入試改革が挫折した。前代未聞の失策だといえよう。もっと早く私たち専門家の警鐘に耳を傾けていれば、こんな大恥をかかなくて済んだのに。なにより、振り回された教師と高校生が気の毒すぎる。

もっとも、英語民間試験の導入をめぐる失敗の責任を、文部科学省だけに押し付けるのは間違いだ。これまで見てきたように、導入を主導したのは首相官邸だからだ。英語教育改革や入試改革には高度な専門性が必要であり、シロウト政治家の主導で拙速に進めてはならない。そのことが最大の教訓だといえよう。

文科省はスピーキングを加えた英語「四技能」化によって英語コミュニケーション能力を高めることができると考え、民間試験を使ってまで大学入試の英語四技能化を進めようとしてきた。民間試験導入が頓挫したあとも、二〇二二年八月の「英語教育・日本人の対外発信力の改善に向けて」で、入試を四技能化した大学には補助金を交付するなどの誘導を行っている。

しかし、前述のように、定型化したスピーキングテストを入試に課す程度では、複雑かつ高度な能力であるコミュニケーション力を向上させることは困難だ。学習言語能力（CALP）の要となる読解力のさらなる低下も懸念される。

さらに、最新のコミュニケーション論から見れば、「四技能」という考えはもう古い。欧州評議会はコミュニケーションの複雑さに対応するには「四技能」では不十分だとして、欧州言語共通参照枠（CEFR）の増補版（二〇一八）で、受容の読む・聞く、産出の書く・話す、やりとりの書く・話す、それに「仲介」（mediation）を加えた七技能の必要性を打ち出した。それらの多くはテストでの数値化が困難である。

コミュニケーション能力を育てるために大切なことは、テストに追い立て、スコアを競わせることではない。生徒同士の協同的な関係を築き、他者と対話し交流したいという意欲を育てることなのだ。ポストコロナ時代には、そのことが特に強く求められる（後述）。

それなのに、国はさらに子どもたちを苦しめる政策を下ろしてきた。二〇一八・一九年に改訂された学習指導要領で、小学校の外国語（英語）を教科化し、中学・高校の英語のレベルを一気に引き上げたのだ。

学校の英語がたいへんな事態に

「英語の学習を早期に諦めてしまう子どもが増えた。英語の教員が学校に出てこられず病休になった。日本の英語教育を何とかしないと生徒も教員もボロボロにされてしまう」(岐阜・小学校教員)

「これまでも持ち帰り仕事は大量にありましたが、とうとう四時台に起きるのが通例になりました。三〇年以上の教師生活で、今年度が群を抜いて一番大変です」(東京・中学校教員)

これらは英語教員サークルのメーリングリストへの書き込みだ(二〇二二年一月)。コロナ禍の二〇二〇(令和二)年度から実施された小学校学習指導要領によって、外国語が五・六年生で教科化され、読む・書く活動や成績評価も必要になった。中学二年で習っていた不定詞なども小学校に下ろされ、六〇〇〜七〇〇語という過大な語彙《ごい》(新出単語)がノルマとされた。小学校段階で英語の成績が二極分化し、英語嫌いになって中学校に入る子どもが増えた。

しわ寄せをもろに受けたのが中学校だ。時間数は週四時間のまま変わらないのに、語彙

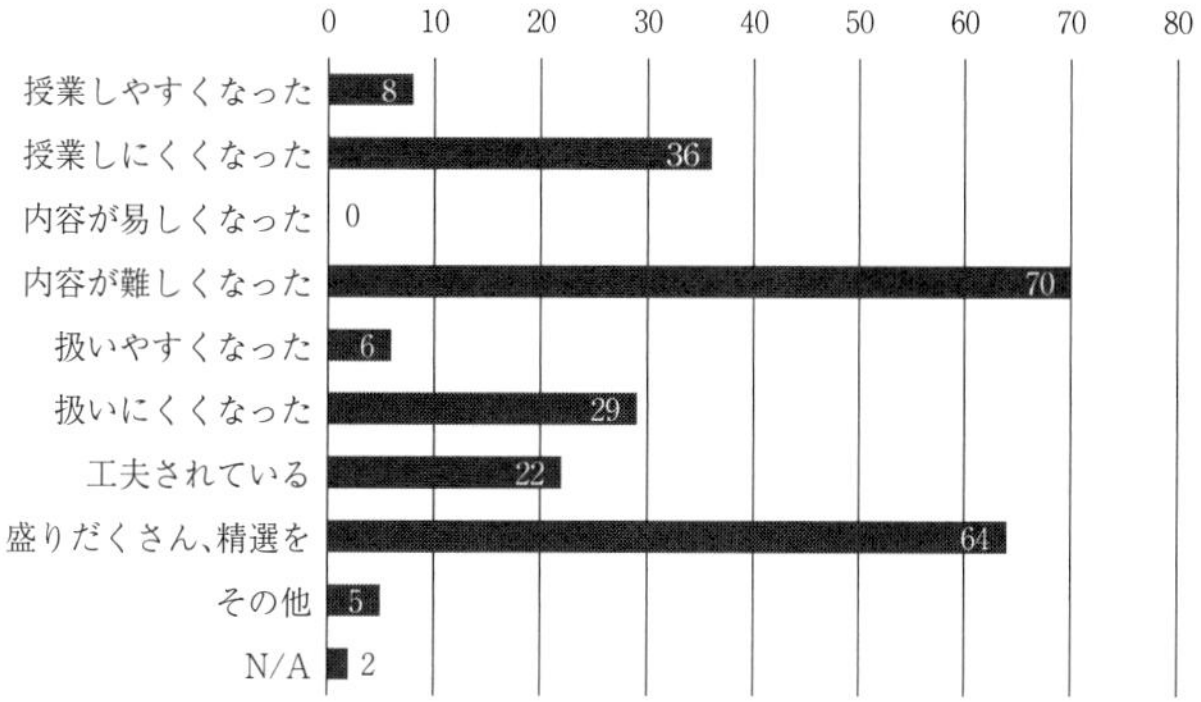

図5-3　中学新英語教科書についての意見（複数回答可、%、回答104人）

が従来の一二〇〇語程度から一六〇〇～一八〇〇語に増やされ、それに小学校での語彙が加算される。そのため、二〇二一年度から中学生が接する語彙は二二〇〇～二五〇〇語にまで増やされ、旧課程の約二倍になった。

東京の中学校教員は訴える。「今年の中学一年生の教科書は驚くべきものでした。Be動詞と一般動詞がレッスン1に同時に登場し、両方の肯定文、疑問文、否定文が一時間ごとに初出します！「もう無理」と何度弱音を吐いたことか」。

しかも、高校で学習していた現在完了進行形や仮定法まで中学校に下ろされた。ある英語教員は「授業ではやることが多すぎて時間が足りません。置き去りにしている生徒が気になりながらも、教科書を進めていかなければならないのが悩みです」と苦しさを訴える。

二〇二一年度から使われている新課程の英語教科書

について、英語教師たちはどう思っているのだろうか。
和歌山国民教育研究所が二〇二二年六〜九月に県下の中学校英語教員を対象に実施したアンケート調査（回答者一〇四人）によれば、新しい教科書への総合評価（複数回答可）で最も多かったのが「内容が難しくなった」の七〇%で、逆に「内容が易しくなった」は〇《ゼロ》%だった。次に多かったのが「盛りだくさんで、精選が必要」の六四%、「授業しにくくなった」が三六%で、「授業しやすくなった」は八%だけだった（図5-3）。

項目別に見ると、語彙については「多すぎる」が六九%、「適切」が一七%、「少ない」が〇%（図5-4）。

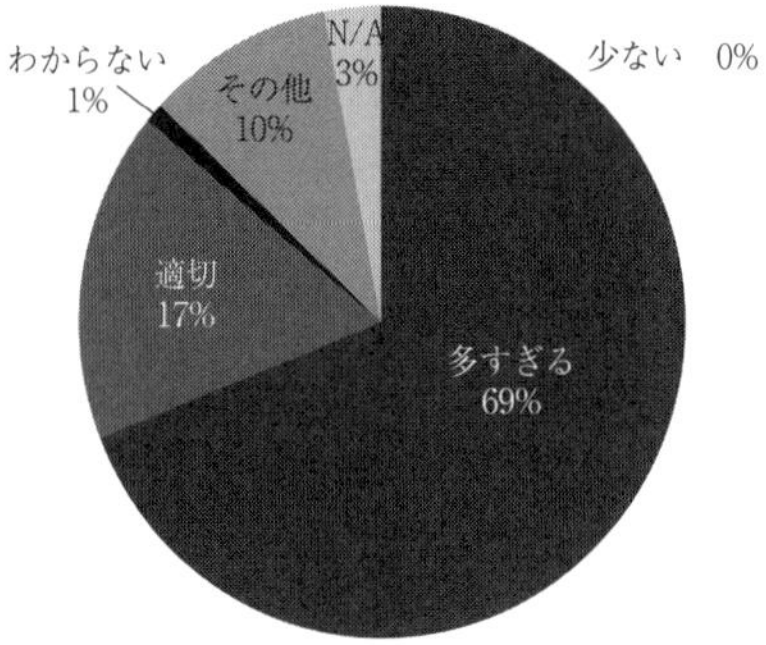

図 5-4　新教科書の語彙の数についての意見

文法事項は「多すぎる」が四四%で、「適切」の四〇%を上回っている。やはり語彙を急増させたことで語彙指導が困難になり、仮定法や現在完了進行形などを加えたことで文法指導項目が多くなり、盛りだくさんすぎて授業がしにくくなったと感じる教員が多いことがわかる。当然ながら、生徒たちにとっても重い負担となっている。学習指導要領が改悪され、現場の実態と遊離しているのだ。

アンケートに寄せられた教師たちの代表的な意見を聞いてみよう。

一年生の教科書が小学校で習ったことを前提に語彙も表現も難しすぎて、教えるのが困難。限られた時間の中で、ゆっくりじっくりと繰り返し定着するまで練習させてやる時間がとれず、英語への苦手意識や英語嫌いがどんどん増えている気がする。次から次へと出てくる新出単語（小学校ですでに習っているとして書かれているものも含めて）を読めない、覚えられない生徒たちをどう指導すればいいのか。

小さなアクティビティ（small talkやミニゲーム、アイスブレイク等）をはさむ余裕がなくなった。代わりに急いで文法事項を進め、単元末のまとめアクティビティに力を入れている。生徒は気楽さが消えてしまい、成績に関わるアクティビティに疲れている子もいる。

できる子たちにとっては力がつく（難しい読み取りになれたり、難しいリスニングに挑戦してやりがいを感じたり）ような状況ですが、中学の早い段階でつまずいている子には「さっぱりわからない」と感じ、あきらめてしまうという格差が増大したように思います。

まさに、教育再生実行本部が二〇一三年に打ち出した「結果の平等主義から脱却し、トップを伸ばす戦略的人材育成」が学習指導要領を通じて学校現場に押し付けられ、格差と疲弊が広がっている様子がわかる。だが、トップ以外の普通の生徒たちはどうなるのか。ブラック企業のような無謀なノルマは教師も生徒も追い詰め、授業についていけない子や英語嫌いを大量に生みだすだけではないか。それでは子どもたちの英語力は逆に下がってしまう。

それだけではない。新学習指導要領は高校に次いで中学校でも「授業は英語で行うことを基本とする」と定めた。これは危険で非科学的な方針だ。近年の応用言語学は外国語教育における母語の役割を重視する傾向にあるが、それに逆行している。

二〇二一年八月に東京都で開かれた「中学生はつらいよ」という交流会では、「先生が英語で話すので、何を言っているのかわからない」と涙を流す中学一年生の例が紹介された。想像してほしい。あなたが「ロシア語入門の授業をロシア語でやります」と言われたら、どんな気持ちになるだろう。

教師たちは、こんな新学習指導要領に加えて、コロナ対応、さらにはＧＩＧＡスクール構想（後述）による一人一台のデジタル端末を使った授業にも対応しなければならない。まさに三重苦だが、だからこそ希望を見出したい。

4　ポストコロナ・AI時代の外国語学習

†協同的な学びで英語力を伸ばす

二〇一九（令和元）年の末に始まった新型コロナウイルスの世界的流行は、社会や学校教育に大きな影響を及ぼした。休校措置や外出規制によって仲間と切り離された結果、鬱《うつ》病・鬱状態に苦しむ日本人は二〇一三年の七・九％から二〇二〇年の一七・三％へと二倍以上に増加し、若者の自殺も増えている。インターネット依存症も深刻だ。コロナ前の二〇一九年一二月とコロナ禍の二〇二〇年八月を比べると、ネット依存傾向が一・六倍に増加している（KDDI総合研究所）。これがさらなる鬱状態を引き起こしている。

コロナ禍で明らかになったことは、教室での人間的な関わり合いと、そこから生まれる心の絆《きずな》がいかに大切かである。したがって、ポストコロナ時代の教育で大事なことは、コンピュータによる個別最適学習ではない。人間同士が関わり合う協同学習だ。協同学習とは「少人数集団で自分と仲間の学びを最大限に高め合い、全員の学力と人間関係力を育て合う教育の原理と方法」である（江利川二〇一二）。

仲間と協同的に学ぶことで頻繁に交わされるコミュニケーションは、言葉、表情、態度、声の調子、場の空気などの総合的で高度な情報認識を必要とする。ペアやグループといった相手がいる学習では、英語を積極的に使う機会も増える。また自分とは異なる意見や発想に接することで、思考と感性が豊かになる。何より、お互いの信頼関係という最高の報酬を受け取り、絆で結ばれていく。そのため、協同学習は学習者を精神的に安定させ、学力を伸ばし、学力格差を是正することが検証されている。

中学生を対象にした村上加奈の研究では、二つの中学校の教員の実践に基づき、協同学習の効果を検証した。両校とも、一斉講義型授業のあとに協同学習による英語の授業を四カ月間行い、成績の変化を調べた。その結果、A中学校では平均点が五四点から六四点にアップし、成績の上位・中位・下位のすべての層が伸び、特に成績下位層の伸びが著しかった。B中学校でも平均点が四八点から五九点へと上昇し、やはり下位層の伸びが顕著だった（村上二〇二一）。

高校二年生を対象にした大西里奈の研究では、コロナ禍で五月二四日の中間考査（一三六人）までは一斉講義型授業だったが、その後は協同学習に切りかえ、七月四日に期末考査（一三七人）を行った。中間考査の平均点は五二・三点で、二〇点台と四〇点台にピークがあったが、期末考査では平均点が六五・五点（＋一三・二点）に上昇し、八〇点台にピークが移った。その結果、「グループワークをやりたい」と回答した生徒は六〇％から八三％に上昇した（大西二〇二二）。

このように、協同学習は学力面、情意面で効果が確認でき、学力格差を縮小することが示唆されている。ここに一つの大きな希望を見出したい。

†ＡＩ時代に外国語を学ぶ意義とは

「えっ、君はこんな立派な英語が書けるようになったのか」と驚いた。学生が提出した英文が急に正確になり、読みやすくなったのは二〇一七（平成二九）年頃からだ。それは自動翻訳ソフトがＡＩ（人工知能）を組み込み、性能を飛躍させた時期と一致する。

いまや自動翻訳・通訳の能力は英検一級・ＴＯＥＩＣ九〇〇点レベルに達すると言われ、日々進化している。ＡＩは日常会話レベルならほぼ完璧に対応できる。そうなると、小学校で中途半端に英語を教える意義が根底から問い直される。それどころか、中学・高校・大学で無理に英語を教える意義さえ問われている。

だからデジタル・ＡＩ時代に入ってしまったいま、「何のために外国語を学ぶのか」という根本問題が突きつけられている。文科省のように「英検三級レベル」といったスキル主義的な狭い目標では、人間よりもＡＩのほうが格段に優れている。それは教育の目標には絶対になり得ない。そんな目標設定では、子どもたちは最少の努力で最大の成果をあげようとするだけで、学びが痩せ衰え、試験後には剝げ落ち、楽しくもなんともない。

ではどうするか？

言語とそれを生みだした文化とは切り離せないが、ＡＩに可能なのは文化から切り離された「言語」の操作だけだ。したがってＡＩ時代の外国語教育は、母語とは異なる言語を学ぶとともに、その背景にある異文化への探究心を育てることに比重を置くべきである。それは人間にしかできないし、学校で外国語を学ぶ本来の意義である。日本人が外国語を学ぶ意義は、日本語と日本文化によって制約された自分の思考の枠組みを超え出て、まったく違う音声、文法、発想法、そして文化に触れ、思考を外の世界へと拡張すること、そのワクワク感と知的な背伸びを体験することだ。それによって自分の母語と日本文化を相対化し、自覚的・批判的に再認識することになる。

そうした学びは、英検やＴＯＥＩＣのスコアを伸ばすことの対極にある。スコアは目標ではなく結果に過ぎない。ＡＩ時代における外国語教育の意義を再確認し、具体的な対応を考える必要がある。

†デジタル・AIとどう付き合うか

児童・生徒に一人一台のコンピュータ端末が支給され、教科書のデジタル化も始まる今日、英語学習においてデジタルやＡＩとどう付き合っていけばよいのだろうか。

「Google 翻訳」は二〇一六年後半にＡＩを組み込んだ結果、翻訳精度が劇的に向上した。しかも無料で、一〇〇以上の言語に対応している。もちろん鵜呑みにはできず、「理由《わけ》ありバーゲン」を"There is a reason sale"と訳すなどのヘマはやらかす。だから、ＡＩの翻訳が誤りだと気づけるだけの英語力が本来は利用者に必要だ。

だが、日本語では省略しがちな「私は」「あなたの」などの人称代名詞を明示し、日本語独特の慣用表現を避けるなどの工夫をすれば、完成度の高い翻訳を瞬時に提供し、音読もしてくれる。たとえば「どこの馬の骨かわからない奴に、この仕事は任せられない」だと、"I can't leave this job to someone who doesn't know where the horse's bones come from."（その馬の骨がどこからやって来たのかを知らない人に…）となってしまう。そこで「どこの馬の骨かわからない奴に」を「あなたがどのような経歴かも知らないので」と和文和訳して入力すれば、"I don't know what kind of background you have, so I can't leave this job to you."と正確に翻訳してくれる。こうしたコツを満載した坂西優・山田優『自動翻訳大全』（二〇二〇）なども出ている。

翻訳ツールのDeepLは、文書ファイルを入れれば、丸ごと翻訳してくれる。ＡＩは学習していくため、利用者が増えるほど精度を上げる。

コロナ禍で、対面授業が中心だった英会話学校は受講生が減少した。経済産業省の調査では、コロナ前の二〇一九年末には一三一万人だったが、二〇二二年初頭には一〇五万人で、二割も減った。そのため各社ともオンライン授業に力を入れ、人件費の安いフィリピン人などと契約してレッスンを行う例も増えた。

ところが二〇二二年頃からは円安が進み、講師報酬が経営を圧迫した。切り札となったのがＡＩを使った会話練習ソフトだ。近年は音声認識や音声合成の技術が飛躍的に向上し、ネイティブに近いレベルになっている。

インターネット上の仮想空間であるメタバースでの会話練習も可能になった。学習者は自宅などでＶＲ（仮想現実）端末を装着して参加する。お店や空港など任意の場面を選び、自分のアバター（デジタル作成の分身）が画面上の相手（実はＡＩ）と英語でやりとりする。相手も架空の存在なので、人間同士の会話よりも緊張しないという。受講料も安い。

学習効果の長期的な定着度に関する調査では、仮想空間での学習では七五％と高かったが、動画による学習では二〇％、講義形式だと五％にとどまったという。大手英会話スクールのイーオンは、二〇二二年八月からメタバース英会話の個人向けコースを本格的に開始した（『朝日新聞』二〇二二年九月一一日）。

ＡＩを組み込んだ英語学習アプリも、多種多様なものが開発されている。たとえば「スピークバディ」は、スマホの画面に現れるキャラクターに話しかけると、ＡＩが英語力を判定し、レベルに合った学習メニューを自動的に組んでくれる。日常会話からビジネス用まで七〇〇以上のレッスン事例が用意されており、月額二〇〇〇円で、対面式の英会話学校よりも格段に安い。一部は無料で体験できるため、累計ダウンロード数は一八〇万にのぼる（二〇二二年九月時点）。

「スタディサプリ」は高校生の受験対策用として利用者が多いが、社会人向けのビジネス英語コースもある。商談や企画発表会などの場面を設定したドラマ式レッスンで、通勤・帰宅時間などでも学べる。

英文の添削指導では、英国のケンブリッジ大学出版と同大学英語検定機構が共同開発した無料オンラインツール Write & Improve が優れている。タスクを選択し、英文を書いてアップロードすれば、ＡＩが語彙選択、文法、綴りミスなどの修正すべき点を瞬時にフィードバックしてくれる。得点も表示され、欧州言語共通参照枠（ＣＥＦＲ）に基づく総括的評価も示されるので、ライティング力の向上に役立つ。

オンライン英文添削サービスでは、有料の「アイディー」も人気がある。これは学校の英作文課題、英語の論文、ビジネスレターなど様々なレベルの英文を、ＡＩではなく人間が添削指導してくれる。その際に、英文のどこがなぜ間違っているのか、どうすればより良い表現ができるかまでアドバイスしてくれる。

こうしたデジタル技術やＡＩアプリは、いやが応でも今後の英語学習に入り込んで来るだろう。だが、そこには落とし穴も潜んでいる。

†デジタルの落とし穴

デジタル教材やオンライン学習は画像や音声を含む多様な情報を与えてくれるし、不登校や病気の子どもたちに学びを保障するなどのプラス面がある。他方で、人間関係の希薄化、孤独感と抑鬱状態の増加、学びの質の低下、デジタル格差の拡大などのマイナス面もある。

たとえば、紙の辞書で英語単語を調べると、脳の思考中枢である前頭前野が活性化するため定着しやすく、思考力の形成に寄与する。だがデジタル辞書だと前頭前野の活動がマイナスになるため、わかった気にはなるが定着しにくい。ディスプレイ上の文字に対する人間の認知能力は、紙に書かれた文字よりもずっと落ちるのである。パソコン上で仕上げた文章をプリントアウトして読み直すと、真っ赤に訂正が入るのはそのためだ。紙の辞書や教材とデジタルを併用し、声に出し、手で書くアナログな活動が大切である。

ＯＥＣＤの調査によれば、デジタル端末は情報収集や知識の浅い理解には有効だが、深い思考や探究的な学びを妨げ、長時間使うほど学力は低下する。そのためコンピュータを教師役にしてはならず、探究と協同的な学びのための文房具として限定的に使う必要がある（佐藤二〇二一）。

脳は新奇な情報や刺激を求めるため、ディスプレイ上の画像を切りかえると快楽物質のドーパミンを放出する。新たなページに現れる未知の情報を期待して興奮するのである。そのため画面の内容を読み込んで内容を吟味し、批判的に思考する力が育ちにくい。

「生徒一人一台の端末」を掲げ、二〇一九（令和元）年より開始された「ＧＩＧＡスクール構想」は、経済産業省が推進し、教育政策というよりは経済政策だ。教育効果の検証も教員研修もなく、コロナ禍で前倒し実施された。導入時だけで四六〇〇億円の利権が生まれたと言われ、コンピュータ端末の学校納入をめぐって談合事件も起こった。高価な端末と学習ソフトの販売により公教育の市場化が加速し、学業成績という個人情報が民間企業に流出する。

中央教育審議会は二〇二一年一月の答申で「個別最適な学び」と「協働的な学び」を提言した。しかし個別最適な学びとは各自がコンピュータでＡＩドリルを解くなどの究極の習熟度別授業だ。これを先行実施した諸外国の研究では、教育効果が乏しいことがわかっている。学習者同士のつながりを断ち切り、孤立させてしまう。脳を最も活性化させ、学びを深めるのは、人間同士の協同的で探究的な活動である。

これらを知った上で、デジタルやAIを外国語学習に慎重かつ限定的に活用する必要がある。

†未来への希望

世界の様々な人々と交流と協同を深め、地球環境と平和を守るためには、外国語教育が欠かせない。「英語と日本人」の未来を拓くための当面および中長期的な課題について、これまで述べてきたことをふまえ、一〇項目に絞って提案したい。

(1)自分の学習目標や知能特性(個性)に合った学び方を自分で探そう。たとえば、英語学習の目的が日常会話レベルの「生活言語」(BICS)か、それとも読み書き中心の知的な「学習言語」(CALP)なのかによって学習法は大きく異なる(本書第3章)。また、人間は多重知能(MI)であるため、「音楽・リズム知能」や「論理・数学的知能」など自分の知能特性に応じた学習法が効果的だ。第2章で述べた先人たちの学習法を参考にしつつ、自分にふさわしい学習法を実践しよう。学習には自分が興味を抱いている分野の教材を使うと効果的であり、長続きする。デジタルやAI教材も限定的に活用しよう。ただし落とし穴に気をつけて。

（2）学校や職場では、仲間同士が学び合い高め合う協同学習をお勧めする。コロナ禍は人間と人間との直接的な関わり合いの大切さを明らかにした。英語が得意な人も苦手な人も一緒に学び合うことで、学力と人間関係力を高め、格差と対立を緩和できる。未来社会は一握りの富裕層と大多数の貧者からなる格差社会ではなく、誰もが助け合う自由で自治的な協同社会でありたい。そんな協同社会の担い手を育てるために、日々の授業を協同的な学びの空間にしよう。対話を通じてコミュニケーション能力を高め、言葉の奥深さと言葉を学ぶ楽しさを知り、生涯にわたって学びを楽しむ自律学習者を育てよう。

（3）二〇二〇年度から実施されている学習指導要領（特に中学校外国語）を緊急に見直し、語彙や言語材料の過重な負担を軽減する必要がある。上位層向けの「グローバル人材育成」策によって、ブラック企業のように過重なノルマを課し、子どもと教師を追い詰めている。かえって英語嫌いを増やすことは必至だ。教師が教科書をこなすだけで精一杯の現状を改め、生徒の実情に合った柔軟な教材づくりと授業デザインができるよう余裕を持たせよう。また、授業を英語で行うことを国が一律に決めるのではなく、教師が実情に応じて英語と日本語を使い分けられるようにしよう。より根本的には、学習指導要領の法的拘束力をなくし、本来の大綱的な「教師の手引」に戻す必要がある。それによって教師の主体性や創造性を最大限に引き出すことこそが、これからの教育には欠かせない。
（4）国が中学生・高校生の到達目標を英検等で設定し、その達成率を競わせることはやめよう。とりわけ、教員に「英検合格相当」（みなし）を記入させることは統計的なウソを助長する上に、教員の忖度を誘導する危険性がある。目先の試験とは無縁に、言葉を学ぶ楽しさを体験させよう。語学は自分の意志で主体的に学んでこそ伸びる。上からの強制は逆効果だ。行政は教育条件の整備に専念すべきである。
（5）ＧＩＧＡスクール構想による個別最適学習は究極の習熟度別授業であり、生徒同士の関係性を寸断する危険性がある。また、端末やソフトの導入を通じてコモン（公共財）としての教育に民間企業の利害を持ち込むことになり、教育の市場化と格差化を招く危険性が高い。そうした懸念を払拭してこそ、デジタルやＡＩは教育の場にふさわしいものになる。
（6）教育現場の最大の問題は、教師の異常なまでの長時間労働だ。教員の増員と少人数クラスの実施、勤務時間の短縮、残業代の支払い、そのための法整備と教育予算の増額が急務である。そうすることで、教師は授業改善と教材研究に力を注ぎ、一人ひとりの子どもと向き合う時間が増え、教育を質的に高めることができる。
（7）一九九〇年代以降のコミュニケーション重視（実質は会話重視）政策が妥当だったの

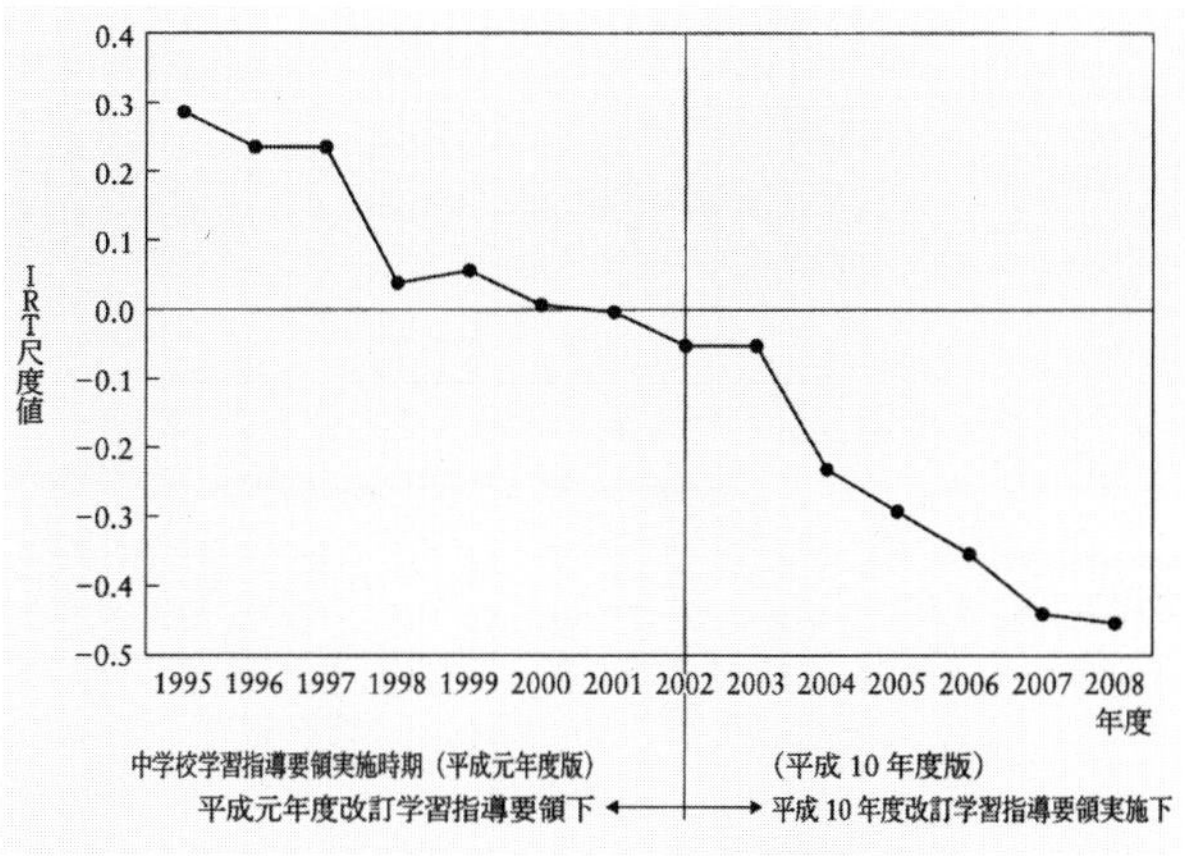

図 5-5　高校入学時の英語学力の低下（斉田智里教授の研究）

かを検証し、英文法の明示的な指導、英文解釈、日英比較、異文化理解などを含む、外国語としての英語（EFL）の学習にふさわしい教育法・学習法を再確立する必要がある。

斉田《さいだ》智里《ちさと》『英語学力の経年変化に関する研究』（二〇一四）によれば、高校入学時の英語学力はコミュニケーション重視が本格化した一九九五年から一四年間ほぼ連続的に低下し、下落幅は偏差値換算で七・四にもなる（図5-5）。これに対する明確な反証も出ていない。一度立ち止まってコミュニケーション重視政策を再検討することで、日本人学習者にふさわしい英語学習法を考えていこう。

（8）英語一辺倒の外国語教育を改め、周辺アジア諸国を含む多様な言語と文化を学ぶことのできる複言語主義・複文化主義を日本もめざすべきである。特に高校では、英語嫌いになった生徒や、複数の言語を学びたい生徒のために、英語以外の言語の開講を増やす必要がある。そうすることで、世界を複眼的に見ることのできる次世代を育てていこう。

(9)教育政策には高度な専門性が必要だから、政治家や財界人が安易に介入すべきではない。大学入試に英語民間試験導入などの無謀な英語教育政策は、官邸主導で行われた。このシステムを抜本的に見直し、特に官僚の人事権を握る内閣人事局を解体する必要がある。さらにはフィンランドのように、政府機関から独立し、教育専門家らが教育政策の立案・運用を行う国家教育委員会のような専門機関を設置することで、日本の教育は現在の閉塞状態を打破することができるだろう。

(10)最後に最も重要なことを。外国語教育の目的は、言葉と文化の多様さ、面白さ、奥深さに気づき、母語の力を高めて思考力と感性を豊かにし、世界の人々と平和的に共存していける人間を育てることである。私たちは母語とは異なる言語を学び、異文化への探究心を抱くことによって、日本語と日本文化によって拘束された自分の思考の鉄格子《てつごうし》を取り払い、思考を外の世界へと解放することができる。外国語の学習は、その外国語をすぐには使えなくても、言葉と異文化への知的好奇心を刺激し、自分の成長欲求を満たしてくれるワクワクする活動だ。そんな楽しさを自ら味わい、次世代に伝えていこう。

おわりに

英語と日本人との関係を抜きに、日本の近現代史は描けない。本書の執筆を通じて、改めてそう思った。一九四七（昭和二二）年に発足した新制中学校で誰もが英語を学べるようになり、最初の入学者はいま九〇歳近い。ほぼすべての日本人の自分史には、英語との関わりが刻み込まれているのである。

そうした関わりを見つめ直し、英語は日本人にとってどんな意味があったのか、これからはどんな意味があるのかを考えるために、本書は生まれた。

私自身、英語と付き合って半世紀以上、英語教育に携わって四〇年、英語教員養成に従事して二五年になる。そうした経験の中で、英語教育をめぐる個々の問題だけではなく、「英語と日本人」の全体像を社会との関連において通史的に見直す必要を強く感じるようになった。

その理由の一つは、英語教育の様々な学会や研究会に関わる中で、ある共通した違和感を拭いきれなかったからだ。それは、英語教育を歴史や社会と切り離して論じる傾向があまりに強いことだった。そうした違和感は、私が若き日に経済学部で日本経済史を専攻し、社会科学に強い関心を抱いているからかもしれない。

本書で示したように、たとえば小学校英語教育の問題は、明治期の実践を通じて論争が尽くされていたが、それを視野に入れた研究はほとんどなかった。小学校英語の問題は、文法訳読かコミュニケーションかといった教授法理論と関係するとともに、明治期の欧化か国粋か、戦後の親米か反米かといった国家戦略と密接に関連していた。さらに、経済界が「グローバル人材」育成の一環として、小学校英語の実施を政治献金まで使って政治家に迫り、最終的には官邸が閣議決定によって小学校英語の教科化に踏み切ったという政治問題でもある。

そうした歴史や政治経済との関連を断ち切って、小学校英語の問題を開始年齢や教授法の問題だけに矮小化すれば、問題の本質を捉えることはできないのではないだろうか。他の諸問題も同様だろう。

私はこれまで英語教育史や英語教育政策について様々な論考を発表してきたが、約二〇年に及ぶ英語と日本人の関係史をトータルに書く機会を与えられたのは初めての体験だった。刺激と再発見に満ちた日々だった。

もとより一冊の新書の中ですべてを網羅することはできない。たとえば平泉－渡部論争（一九七五）や英語帝国主義論（一九九〇年代）などは英語と日本人の関係を語る上で欠かせない問題だが、本書ではほとんど触れることができなかった。それらについては本書の姉妹編である『英語教育論争史』（講談社選書メチエ、二〇二二年九月刊）をお読みいただければ幸いである。

本書を執筆するにあたっては、企画段階から完成に至るまで、筑摩書房編集部の山本拓さんにたいへんお世話になった。また大西里奈さん（神戸大学大学院生）から貴重なコメントと情報提供をいただいた。心からお礼を申し上げたい。

過去を振り返ることなしに未来は展望できない。いま日本は英語をめぐる混乱状態に陥っている。そこから抜け出し、希望を見出すためのヒントが、英語と日本人の長い格闘の歴史の中にちりばめられている。それらを探し出す手がかりとなれば、本書は幸せ者である。

二〇二二年一〇月

江利川　春雄

主要参考文献

青田庄真・江利川春雄（二〇一三）「戦前期における英語熟達者の学習方略に関する研究」日本英語教育史学会第二四二回研究例会口頭発表資料
阿部公彦（二〇一七）『史上最悪の英語政策——ウソだらけの「4技能」看板』ひつじ書房
市河三喜（一九四七）「英語学習時代」『ザ・カレント・オブ・ザ・ワールド』五・六・七月号、英語通信社（『小山林堂随筆』研究社、一九四九に再録）
井上太郎（二〇一二）『辞書の鬼——明治人・入江祝衛』春秋社
猪浦道夫（二〇一八）『TOEIC亡国論』集英社新書
内村鑑三（一八九九）『外国語之研究』東京独立雑誌社（講談社学術文庫版、一九八八）
浦出善文（二〇〇〇）『英語屋さん——ソニー創業者・井深大に仕えた四年半』集英社新書
『英語界』編輯局編（一九〇七）『余は如何にして英語を学びしか　附　如何にして英語を学ぶべきか』有楽社
江利川春雄（二〇〇六）『近代日本の英語科教育史——職業系諸学校による英語教育の大衆化過程』東信堂

江利川春雄（二〇〇八）『日本人は英語をどう学んできたか——英語教育の社会文化史』研究社
江利川春雄（二〇〇九）『英語教育のポリティクス——競争から協同へ』三友社出版
江利川春雄（二〇一一）『受験英語と日本人——入試問題と参考書からみる英語学習史』研究社
江利川春雄編著（二〇一二）『協同学習を取り入れた英語授業のすすめ』大修館書店
江利川春雄（二〇一三）「語彙増強法　いまむかし」『英語教育』一月号、大修館書店
江利川春雄（二〇一五a）「『グローバル人材育成』論を超え、協同と共生の外国語教育へ」『現代思想』四月号、青土社
江利川春雄（二〇一五b）『英語教科書は〈戦争〉をどう教えてきたか』研究社
江利川春雄（二〇一六）『英語と日本軍——知られざる外国語教育史』NHK出版
江利川春雄（二〇一八）『日本の外国語教育政策史』ひつじ書房
江利川春雄（二〇一九）「グローバル化に揺れた平成の英語教育」『英語教育』五月号、大修館書店
江利川春雄（二〇二一）「大学入試への民間試験導入問題の教訓と課題」『英語教育』一〇月号、大修館書店
江利川春雄（二〇二二a）「文部省中等英語教員講習の史的研究」『東日本英学史研究』第二一号
江利川春雄（二〇二二b）「官邸主導の英語教育政策——その惨状と打破への課題」『現代思想』四月号、青土社
江利川春雄（二〇二二c）『英語教育論争史』講談社選書メチエ

江利川春雄・久保田竜子（二〇一四）「学習指導要領の「授業は英語で」は何が問題か」『英語教育』九月号、大修館書店
江利川春雄・斎藤兆史・鳥飼玖美子・大津由紀雄（二〇一四）『学校英語教育は何のため?』ひつじ書房
大津由紀雄・江利川春雄・斎藤兆史・鳥飼玖美子（二〇一三）『英語教育、迫り来る破綻』ひつじ書房
大西里奈（二〇二二）「3観点評価への対応と協同的な授業で「教え」から「学び」への転換を」教育のつどい（教育研究全国集会二〇二二 in 高知）口頭発表資料
大村喜吉（一九六〇）『斎藤秀三郎伝――その生涯と業績』吾妻書房
川澄哲夫編（一九七八）『資料 日本英学史2 英語教育論争史』大修館書店
河村和也（二〇一〇）「新制高等学校の入試への英語の導入（一）――その経緯と背景に関する基本問題」『日本英語教育史研究』第二五号
國弘正雄（一九七〇）『英語の話しかた――同時通訳者の提言』サイマル出版会
久保田竜子（二〇一八）『英語教育幻想』ちくま新書
語学教育研究所編・江利川春雄監修（二〇二二）『〔復刻版〕語学教育 第1〜5巻』ゆまに書房
小島ますみ（二〇一七）「公立小学校における英語教育の早期化、教科化に関する一考察」『岐阜市立女子短期大学研究紀要』第六六輯
斉田智里（二〇一四）『英語学力の経年変化に関する研究――項目応答理論を用いた事後的等化

法による共通尺度化』風間書房
斎藤浩一（二〇二二）『日本の「英文法」ができるまで』研究社
斎藤一（二〇〇六）『帝国日本の英文学』人文書院
佐藤学（二〇二一）『第四次産業革命と教育の未来——ポストコロナ時代のＩＣＴ教育』岩波ブックレット
柴田徹士・藤井治彦（一九八五）『英語再入門』南雲堂
澁谷新平編（一九一八）『英語の学び方』大阪屋號書店（復刻版：江利川春雄監修・解題『英語教育史重要文献集成』第六巻、ゆまに書房、二〇一八）
第一外国語学校編『十六大家講演集　英語研究苦心談』文化生活研究会、一九二五（復刻版：江利川春雄監修・解題『英語教育史重要文献集成』第七巻、ゆまに書房、二〇一八）
大学英語教育学会第４次実態調査委員会（二〇一八）「大学英語教育の担い手に関する総合的研究」（電子版）
田中菊雄（一九四一）『英語勉強法』研究社
田中菊雄（一九六〇）『わたしの英語遍歴——一英語教師のたどれる道』研究社出版
辻伸幸ほか編（二〇二一）『英語教育の歴史に学び・現在を問い・未来を拓く——江利川春雄教授退職記念論集』溪水社
寺沢拓敬（二〇一五）『「日本人と英語」の社会学——なぜ英語教育論は誤解だらけなのか』研究社

刀祢館正明（二〇二二）『英語が出来ません』KADOKAWA

鳥飼玖美子（二〇一八）『子どもの英語にどう向き合うか』NHK出版新書

鳥飼玖美子（二〇二〇）『10代と語る英語教育』ちくまプリマー新書

鳥飼玖美子（二〇二一）「英語教育政策に見る歴史の忘却と歪曲——大学入試改革を事例として」辻伸幸（二〇二一）所収

永嶋大典（一九七〇）『蘭和・英和辞書発達史』講談社

日本放送協会編（一九七三）『発想別英語会話教授法』日本放送出版協会

南風原朝和編（二〇一八）『検証　迷走する英語入試——スピーキング導入と民間委託』岩波ブックレット

長谷川清（一九七三）『学校に灯をともせ——一教師の四十年』三省堂新書

広川由子（二〇二二）『戦後期日本の英語教育とアメリカ——新制中学校の外国語科の成立』大修館書店

堀孝彦・三好彰編著（二〇一〇）『解読《英和対訳袖珍辞書》原稿——初版および再版』港の人

松田武（二〇〇八）『戦後日本におけるアメリカのソフト・パワー——半永久的依存の起源』岩波書店

松村幹男（一九八〇）「明治二〇年代前半における英語教授・学習史」『広島大学教育学部紀要第二部』第二九号

松本正雄（一九三二）『プロレタリア英語入門』鉄塔書院

水野稚（二〇〇八）「経団連と「英語が使える」日本人」『英語教育』四月号、大修館書店
村上加奈（二〇一一）Effects of Cooperative Learning on Junior High School Students at Different Levels of English Proficiency. 和歌山大学大学院教育学研究科提出の修士論文（未刊行）
八木功（二〇〇三）『島崎藤村と英語』双文社出版
琉球新報編集局編（一九八八）『燃える青春群像――沖縄文教・外国語学校』琉球新報社
Chiphanda, P. K. (2007) *The change of medium of instruction from Chichewa to English in primary schools in Malawi and its impact on pupils' academic performance.* (A master's thesis submitted to the University of Cape Town)

ちくま新書
1704

英語《えいご》と日本人《にほんじん》
——挫折《ざせつ》と希望《きぼう》の二〇〇年《にひゃくねん》

二〇二三年一月一〇日 第一刷発行

著者 江利川春雄（えりかわ・はるお）
発行者 喜入冬子
発行所 株式会社 筑摩書房
東京都台東区蔵前二-五-三 郵便番号一一一-八七五五
電話番号〇三-五六八七-二六〇一（代表）
装幀者 間村俊一
印刷・製本 株式会社 精興社

ISBN978-4-480-07531-4 C0237

ちくま新書

1298
英語教育の危機
鳥飼玖美子

大学入試、小学校英語、グローバル人材育成戦略……2020年施行の新学習指導要領をはじめ、日本の英語教育は深刻な危機にある。第一人者による渾身の一冊!

1455
ことばの教育を問いなおす
——国語・英語の現在と未来
鳥飼玖美子
苅谷夏子
苅谷剛彦

大学入学共通テストへの記述問題・民間試験導入などで揺れ動く国語教育・英語教育。ことばの教育はどうあるべきなのか、3人の専門家がリレー形式で思考する。

1248
めざせ達人! 英語道場
——教養ある言葉を身につける
斎藤兆史《よしふみ》

読解、リスニング、会話、作文……英語学習の本質をコンパクトに解説し、「英語の教養」を理解し、発信できるレベルを目指す。コツを習得し、めざせ英語の達人!

1350
英語教育幻想
久保田竜子

英語は全世界の人々を繋ぐ? 英語力は経済的な成功に? ネイティブ教師について幼少期から学習するのが良い? 日本人の英語信仰、その真偽をあぶりだす。

1687
シンプルで伝わる英語表現
——日本語との発想の違いから学ぶ
ジェフリー・トランブリー
倉林秀男

「お先に失礼します」は英語でなんと言う? クイズ形式で英語と日本語の発想の違いを学んで、日本人が「言えそうで言えない」英語表現を自然に身につけよう。

1230
日本人の9割が間違える英語表現100
キャサリン・A・クラフト
里中哲彦編訳

教科書に載っていても実は通じない表現や和製英語など、日本人の英語は勘違いばかり! 長年日本人の英語に接してきた著者が、その正しい言い方を教えます。

1583
英語の思考法
——話すための文法・文化レッスン
井上逸兵

いくら勉強しても自然な英語が喋れないのはなぜ? 「独立」「つながり」「対等」の3つをキーワードに、日本語にはない英語独特の「考え方」を徹底解説。

ちくま新書

ちくま新書

1424
キリスト教と日本人
――宣教史から信仰の本質を問う
石川明人
日本人の99%はなぜキリスト教を信じないのか？　宣教師たちの言動や、日本人のキリスト教に対する複雑な眼差しを糸口に宗教についての固定観念を問い直す。

253
教養としての大学受験国語
石原千秋
日本語なのにお手上げの評論読解問題。その論述の方法を、実例に即し徹底解剖。アテモノを脱却し上級の教養をめざす、受験生と社会人のための思考の遠近法指南。

1105
やりなおし高校国語
――教科書で論理力・読解力を鍛える
出口汪
教科書の名作は、大人こそ読むべきだ！　夏目漱石、森鷗外、丸山眞男、小林秀雄などの名文をカリスマ現代文講師が読み解き、社会人必須のスキルを授ける。

1221
日本文法体系
藤井貞和
日本語を真に理解するには、現在の学校文法を書き換えなければならない。豊富な古文の実例をとりあげつつ、日本語の隠れた構造へと迫る、全く新しい理論の登場。

1478
漢語の謎
――日本語と中国語のあいだ
荒川清秀
漢字の熟語である「漢語」は、中国から日本に伝来し、また日本から中国へ輸出もされてきた。本書は様々な漢語の来し方を探求し、秘められたドラマを描きだす。

1563
中国語は楽しい
――華語から世界を眺める
新井一二三
中国語で書き各地で活躍する作家が、文法や発音など基礎を解説し、台湾、香港、東南アジア、北米などに華語として広がるこの言語と文化の魅力を描き出す。

1249
日本語全史
沖森卓也
古代から現代まで、日本語の移り変わりをたどり全史を解き明かすはじめての新書。時代ごとの文字・音韻・語彙・文法の変遷から、日本語の起源の姿が見えてくる。

ちくま新書

1380
使える！「国語」の考え方
橋本陽介
読む書く力は必要だけど、授業で身につくの？　小説と評論、どっちも学ばなきゃいけないの？　国語にまつわる疑問を解きあかし、そのイメージを一新させる。

1404
論理的思考のコアスキル
波頭亮
ホンモノの論理的思考力を確実に習得するための決定版！　必須のスキル「適切な言語化」「分ける・繫げる」「定量的判断」と、その具体的トレーニング方法を指南する。

1531
言霊と日本語
今野真二
非科学的と考えられがちな江戸の国学者の言霊研究だが、現代言語学に通底する発見もあった。ことばの渉猟者の足跡をたどり詩的言語としての日本語表現に迫る。

1617
情報生産者になってみた
――上野千鶴子に極意を学ぶ
上野ゼミ卒業生チーム
かつて志望者ゼロだったこともある〝最恐のゼミ〟で、卒業生たちは何を学び、どう活かしてきたのか。上野千鶴子『情報生産者になる』の必携副読本。

1567
氏名の誕生
――江戸時代の名前はなぜ消えたのか
尾脇秀和
私たちの「氏名」はいつできたのか？　明治政府が行った改革が、江戸時代の常識を破壊し大混乱を巻き起こす。気鋭の研究者が近世・近代移行期の実像を活写する。

399
教えることの復権
大村はま
苅谷剛彦・夏子
詰め込みかゆとり教育か。今再びこの国の教育が揺れている。教室と授業に賭けた一教師の息の長い仕事を通して、もう一度正面から「教えること」を考え直す。

1014
学力幻想
小玉重夫
日本の教育はなぜ失敗をくり返すのか。その背景には、子ども中心主義とポピュリズムの罠がある。学力をめぐる誤った思い込みを抉り出し、教育再生への道筋を示す。

ちくま新書

1180
家庭という学校
外山滋比古
親こそ最高の教師である。子供が誰でも持つ天才的能力をつなぎとめるには、親が家庭で上手に教育するしかない。誇りを持って、愛情をこめて子を導く教育術の真髄。

1337
暴走する能力主義
――教育と現代社会の病理
中村高康
大学進学が一般化し、いま、学歴の正当性が問われている。〈能力〉のあり方が揺らぐ現代を分析し、私たちが生きる社会とは何なのか、その構造をくっきりと描く。

1354
国語教育の危機
――大学入学共通テストと新学習指導要領
紅野謙介
二〇二一年より導入される大学入学共通テスト。高校国語教科書の編集に携わってきた著者が、そのプレテスト問題を分析し、看過できない内容にメスを入れる。

1386
大学の未来地図
――「知識集約型社会」を創る
五神真
高等教育機関たる大学は知の集積拠点である。価値創造の上でも力を発揮する大学は、日本の未来にとっても重要な役割を果たす。その可能性を説く新時代の大学論！

1451
大学改革の迷走
佐藤郁哉
シラバス、ＰＤＣＡ、ＫＰＩ……。大学改革にまつわる政策は理不尽、理解不能なものばかり。なぜそういった改革案が続くのか？　その複雑な構造をひもとく。

1468
国語教育　混迷する改革
紅野謙介
実用文と複数資料を扱う「大学入学共通テスト」の構造的欠陥とは。論理と文学を切り分けた「新学習指導要領」の行方は。歪められつつある国語教育の未来形を考える。

1473
危機に立つ東大
――入試制度改革をめぐる葛藤と迷走
石井洋二郎
秋季入学構想の加速、英語民間試験をめぐる問題……日本のリーディング大学で何が起こっていたのか？　改革の経緯を見直し、大学のあるべき姿を提示する。

ちくま新書

1511
学力格差を克服する
志水宏吉
学力格差の実態はどうなっているのか？　それを克服するにはどうすればよいのか？　「学力保障」の考え方や学校の取り組みなどを紹介し、解決に向け考察する。

1549
日本の教育はダメじゃない
――国際比較データで問いなおす
小松光
ジェルミー・ラプリー
「いじめや不登校」「ゆとり教育の失敗」……日本の教育への数々の批判は本当なのか？　気鋭の2人が国際比較データを駆使して教育問題に新たな視点を提供する。

1571
デジタルで変わる子どもたち
――学習・言語能力の現在と未来
バトラー後藤裕子
スマホ、SNS、動画、ICT教育……デジタル技術の発展で急速に変化する子どもの学習環境。最新研究をもとにデジタル時代の学びと言語能力について考察する。

1645
ルポ　名門校
――「進学校」との違いは何か？
おおたとしまさ
進学校と名門校は何が違うのか？　旧制中学、藩校、女学校出身の伝統校から戦後生まれの新興校まで全国30校を取材。名門校に棲む「家付き酵母」の正体に迫る。

650
未完の明治維新
坂野潤治
明治維新は〈富国・強兵・立憲主義・議会論〉の四つの目標が交錯した「武士の革命」だった。それは、どう実現されたのだろうか。史料で読みとく明治維新の新たな実像。

692
江戸の教育力
高橋敏
江戸の教育は社会に出て困らないための、「一人前」になるための教育だった！　文字教育と非文字教育が一体化した寺子屋教育の実像を第一人者が掘り起こす。

1136
昭和史講義
――最新研究で見る戦争への道
筒井清忠編
なぜ昭和の日本は戦争へと向かったのか。複雑きわまる戦前期を正確に理解すべく、俗説を排して信頼できる史料に依拠。第一線の歴史家たちによる最新の研究成果。

1379
都市空間の明治維新
――江戸から東京への大転換
松山恵
江戸が東京になったとき、どのような変化が起こったのか？　皇居改造、煉瓦街計画、武家地の転用など空間の変容を考察し、その町に暮らした人々の痕跡をたどる。

1421
昭和史講義【戦前文化人篇】
筒井清忠編
柳田、大拙、和辻ら近代日本の代表的知性から谷崎、乱歩、保田與重郎ら文人まで、文化人たちは昭和戦前期をいかに生きたか。最新の知見でその人物像を描き出す。

1508
昭和史講義【戦後篇】上
筒井清忠編
実証研究に基づき最先端の研究者が執筆する『昭和史講義』シリーズがいよいよ戦後に挑む。上巻は占領期から55年体制の成立まで、全20講で幅広いテーマを扱う。

1509
昭和史講義【戦後篇】下
筒井清忠編
最先端の実証研究者による『昭和史講義』シリーズ戦後篇。下巻は55年体制成立以降、主に一九五〇年代後半から高度成長期を経て昭和の終わりまでを扱う全21講。

1513
明治憲法史
坂野潤治
近代日本が崩壊へと向かう過程において、憲法体制は本当に無力であるほかなかったのか。明治国家の建設から総力戦の時代まで、この国のありようの根本をよみとく。

1516
渋沢栄一
――日本のインフラを創った民間経済の巨人
木村昌人
日本の産業基盤と民主化を創出した「民間」の巨人、渋沢の生涯とその思想の全貌に迫る決定版。東アジアの一国がどう時代を切り拓くかを熟考したリーダーの軌跡。

1552
ウィリアム・アダムス
――家康に愛された男・三浦按針
フレデリック・クレインス
徳川家康の英国人側近、三浦按針となったウィリアム・アダムス。その波乱に満ちた生涯から、大航海時代の欧州勢力図と禁教・鎖国間際の江戸時代日本を活写する。

ちくま新書

1589
大正史講義
筒井清忠編

大衆の台頭が始まり、激動の昭和の原点ともなった大正時代。その複雑な歴史を26の論点で第一線の研究者が最新の研究成果を結集して解説する。決定版大正全史。

1590
大正史講義【文化篇】
筒井清忠編

新たな思想や価値観、生活スタイルや芸術文化が生まれた大正時代。百花繚乱ともいえるこの時代の文化を、最新研究の成果を盛り込み第一級の執筆陣24名が描き出す。

1657
明治史講義【グローバル研究篇】
瀧井一博編

日本の近代化はいかに成し遂げられ、それは世界史にどう位置づけられているのか。国際的研究成果を結集し、日本人が知らない明治維新のインパクトを多面的に描く。

1665
昭和史講義【戦後文化篇】（上）
筒井清忠編

計7冊を刊行してきた『昭和史講義』シリーズの掉尾を飾る戦後文化篇。上巻では主に思想や運動、文芸を扱い、18人の第一線の研究者が多彩な文化を描き尽くす。

1666
昭和史講義【戦後文化篇】（下）
筒井清忠編

昭和史講義シリーズ最終刊の下巻では、戦後に黄金期を迎えた日本映画界を中心に、映像による多彩な大衆文化・サブカルチャーを主に扱う。昭和史研究の総決算。

1693
地形で見る江戸・東京発展史
鈴木浩三

江戸・東京の古今の地図から、自然地形に逆らわない町づくりの工夫が鮮やかに見えてくる。河川・水道・道路・鉄道などのインフラ発展史をビジュアルに読み解く。

1244
江戸東京の聖地を歩く
岡本亮輔

歴史と文化が物語を積み重ね、聖地を次々に生み出してきた江戸東京。神社仏閣から慰霊碑、墓、塔、スカイツリーまで、気鋭の宗教学者が聖地を自在に訪ね歩く。